Nuevas Competencias de Coaching Aplicadas

Diseño de tapa:
JUAN PABLO OLIVIERI

DAMIÁN GOLDVARG, MCC
NORMA PEREL, MCC

Nuevas Competencias de Coaching Aplicadas

Con estándares internacionales

GRANICA

ARGENTINA - ESPAÑA - MÉXICO - CHILE - URUGUAY

ARGENTINA
Ediciones Granica S.A.
Lavalle 1634 3° G / C1048AAN Buenos Aires, Argentina
granica.ar@granicaeditor.com
atencionaempresas@granicaeditor.com
Tel.: +54 (11) 4374-1456 - 1158549690

MÉXICO
Ediciones Granica México S.A. de C.V.
Calle Industria N° 82 - Colonia Nextengo - Delegación Azcapotzalco
Ciudad de México - C.P. 02070 México
granica.mx@granicaeditor.com
Tel.: +52 (55) 5360-1010 - 5537315932

URUGUAY
granica.uy@granicaeditor.com
Tel.: +59 (82) 413-6195 - Fax: +59 (82) 413-3042

CHILE
granica.cl@granicaeditor.com
Tel.: +56 2 8107455

ESPAÑA
granica.es@granicaeditor.com
Tel.: +34 (93) 635 4120

www.granicaeditor.com

ISBN 978-987-8358-97-0

Hechо el depósito que marca la ley 11.723

Impreso en Argentina. *Printed in Argentina*

Goldvarg, Damián
Nuevas competencias de coaching aplicadas : con estándares internacionales / Damián Goldvarg ; Norma Perel de Goldvarg. - 1a. edición especial - Ciudad Autónoma de Buenos Aires : Granica, 2022.
240 p. ; 22 x 15 cm.

ISBN 978-987-8358-97-0

1. Coaching. I. Perel de Goldvarg, Norma. II. Título.
CDD 658.001

Índice

APÉNDICES

Agradecimientos

Deseamos, en primer lugar, agradecerles a todos los coaches que desde 2010 participaron en nuestras certificaciones de Coaching, Mentor Coaching y Supervisión de Coaching. Muchos de estos quinientos colegas, que han sido pioneros en estas prácticas profesionales en más de cincuenta países, nos dieron la oportunidad de colaborar en la profesionalización de la práctica del Coaching a nivel mundial. También queremos agradecer a nuestros clientes de Coaching, Mentor Coaching y Supervisión, por estos treinta años de confianza profesional, y por ser nuestros principales maestros.

Agradecemos a nuestros colegas Alicia Agüero, David Restrepo González, Fernanda Bustos González, Susie Warman y Ana Escalante, por participar en las sesiones de Coaching que grabamos y transcribimos para ejemplificar la aplicación de las Competencias en este libro.

Queremos hacer un especial reconocimiento a Pablo Puente, que editó todos nuestros libros, y que desde la publicación de la primera versión de este libro, en 2012, sigue ejerciendo una paciente labor profesional para con nosotros, madre e hijo.

Agradecemos a nuestra familia de coaches por ser fuente de inspiración y apoyo en todas nuestras actividades profesionales.

También a Granica por publicar todos nuestros libros: Competencias de Coaching aplicadas, Mentor Coaching en Acción, Supervisión de Coaching *y* Coaching: Un mundo de posibilidades.

Finalmente, queremos agradecer a todos aquellos, que no nombramos, pero que de un modo u otro han contribuido para que este libro haya sido posible.

Introducción

Estamos muy contentos de compartir la nueva edición revisada de este libro, que desde 2012 sirve como guía para la formación de coaches en América Latina, Estados Unidos y España. En 2019, la Federación Internacional de Coaching (ICF) revisó su Modelo de Competencias, y en 2020 actualizó los Marcadores de Competencias a nivel PCC (Professional Certified Coach). En esta revisión quisimos asegurarnos de que esta información esté disponible para todos los interesados en desarrollarse como coaches y para los que deseen entender qué es el Coaching Profesional según los estándares internacionales de la ICF.

Las habilidades que tiene que demostrar un coach siguen siendo las mismas. El nuevo modelo de la ICF organiza las competencias de una manera diferente, y propone cambios en el lenguaje que se utiliza para identificarlas. Agrega una nueva –"Encarna una Mentalidad de Coaching"– y sintetiza otras.

La ICF, fundada en 1995, regula la actividad a nivel global, y desarrolló estándares éticos y lineamientos para favorecer el crecimiento y la credibilidad de la práctica profesional. Ofrece, además, acreditaciones reconocidas en todo el mundo, tanto para coaches como para formaciones de Coaching, comunidades de aprendizaje sobre diferentes temas, publicaciones de investigaciones globales y conferencias, tanto virtuales como presenciales.

En 2001, un grupo de ocho directores y profesores de certificaciones de Coaching de los Estados Unidos se reunió para definir cuáles eran las competencias más importantes que debía demostrar un coach profesional. Las escuelas representadas fueron: Hudson Institute, Newfield Network, Coaches Training Institute, Coach U, Coach for Life, Success Unlimited Network, Academy of Coach Training y New Ventures West. La meta que este grupo se fijó fue el desarrollo de un modelo que permitiera guiar la formación de nuevos coaches y definir los parámetros para su certificación y evaluación.

El modelo de competencias fue revisado a partir de 2017. Durante 24 meses, la ICF realizó una investigación rigurosa donde más de 1300 coaches –tanto miembros de ICF como no integrantes de esa membresía–, de todo el mundo, participaron en este proceso, para evaluar el modelo de competencias de Coaching. El nuevo marco ofrece una estructura más alineada y simple, e integra un lenguaje claro y consistente. También tiene en cuenta un enfoque más sistémico.

El objetivo de este libro es compartir con los lectores las ocho competencias clave que un coach profesional debe demostrar, y nuestro modo de interpretarlas, así como también compartir nuestra experiencia como formadores, evaluadores de la ICF, coaches, mentores y supervisores, en el transcurso de nuestra carrera.

Nuestro mayor compromiso se orienta al desarrollo de la práctica profesional y a la ética del Coaching. Pretendemos aportar elementos para que los profesionales logren demostrar altos niveles de efectividad, tomando como base los lineamientos que propone la ICF.

Para llegar a la maestría de Coaching, es necesario un proceso de aprendizaje que parte desde el nivel de principiante, pasa por uno intermedio y llega al grado de Master Coach, el más alto que reconoce la ICF. Desarrollamos aquí las expectativas de demostración de las competencias para cada nivel.

Es importante hacer dos aclaraciones. Primero, que las explicaciones que presentamos son nuestro punto de vista sobre las competencias de la ICF, basado en la experiencia que acumulamos como coaches, formadores, supervisores y mentor coaches. Segundo, que las competencias están íntimamente relacionadas unas con otras y hay superposiciones entre ellas. Nuestro esfuerzo se dirigió a definirlas, clarificarlas y separarlas con fines didácticos.

Para ilustrar los conceptos expuestos, incluimos cinco sesiones de Coaching, que son reproducidas con la autorización de los clientes que participaron de ellas.

Este trabajo tiene la finalidad de contribuir al desarrollo profesional, no solo de quienes están en etapa de formación, sino también de coaches con experiencia, que tienen como objetivo familiarizarse con la ICF para obtener sus credenciales y conseguir mayor credibilidad.

Esperamos no solo clarificar las nuevas competencias, sino también inspirar un nivel profesional y ético que permitan el crecimiento de la práctica profesional del Coaching a nivel mundial.

---

* Si desea conocer más sobre nuestras formaciones de Coaching, Mentor Coaching y Supervisión de Coaching, lo invitamos a visitar la página www.goldvargconsulting.com o a comunicarse con nosotros por medio de nuestra dirección de correo electrónico: info@goldvargconsulting.com. Si desea conocer más acerca de la ICF, puede hacerlo visitando su página de Internet: www.coachfederation.org.

CIMIENTOS

Capítulo 1

Demuestra Práctica Ética

En su última revisión, la ICF dividió las Competencias de Coaching en cuatro grandes categorías. Dentro de la primera de ellas, denominada “Cimientos”, están incluidas “Demuestra Práctica Ética” y “Encarna una Mentalidad de Coaching”.

Definición

El coach:
Entiende y aplica constantemente la ética de Coaching y los estándares de Coaching.

Las normas éticas y los estándares le dan credibilidad y seriedad a cada profesión, establecen expectativas claras sobre la relación con los clientes y facilitan la consistencia de la práctica entre personas que desempeñan la misma tarea.

La capacidad para interpretar e implementar las normas éticas y profesionales de la ICF permite sentar las bases para la relación de Coaching. Implica no solo la comprensión de las normas, sino, sobre todo, su aplicación y la aptitud para tomar decisiones de acuerdo con estos lineamientos.

Según la ICF, para demostrar esta competencia –Demuestra Práctica Ética– el coach:

1. Demuestra integridad personal y honestidad en interacciones con clientes, patrocinadores y las partes interesadas relevantes.
2. Mantiene sensatez ante la identidad, el ambiente, las experiencias, los valores y las creencias de los clientes.
3. Utiliza lenguaje adecuado y respetuoso con clientes, patrocinadores y las partes interesadas relevantes.
4. Acata el Código de Ética de la ICF y respalda los Valores Clave.
5. Mantiene la confidencialidad con la información de cada cliente según los acuerdos con las partes interesadas y las leyes pertinentes.
6. Respalda las distinciones entre coaching, consultoría, psicoterapia y otras profesiones de apoyo.
7. Remite clientes a otros profesionales de apoyo, según corresponda.

En la aplicación y el seguimiento de estas normas éticas aparecen tres desafíos particulares: la confidencialidad; la obligación de comunicar con claridad al cliente las diferencias entre Coaching, consultoría, psicoterapia y otras profesiones que ofrecen apoyo emocional; y la derivación al profesional apropiado cuando sea necesario. Exploraremos estas tres áreas de aplicación.[1]

Código de Ética de la ICF

El Código de Ética de la ICF fue revisado en 2019 y tiene cinco componentes:

---

1 Ver apéndice o https://coachingfederation.org/core-competencies

1. **Introducción**
   Explica la importancia de aplicar el código para la integridad de la profesión.
2. **Definiciones clave**
   Qué quieren decir los términos coach, Coaching, relación de Coaching, confidencialidad, conflicto de interés, patrocinador, etcétera.
3. **Valores Fundamentales y Principios Éticos de ICF**
   - Respeto
   - Integridad
   - Colaboración
   - Excelencia
   - Estándares Éticos.
4. **Responsabilidad para con los clientes, la práctica y el desempeño, el profesionalismo y la sociedad.**
5. **Promesa Ética del Profesional de la ICF.**

En el apéndice correspondiente está el documento completo, que también puede consultarse en la web.[2]

También pueden encontrarse declaraciones interpretativas que explican cada uno de los 28 estándares propuestos en el Código.[3]

Confidencialidad

Es necesario que el coach explique claramente a su cliente que todo lo que se habla durante la sesión de Coaching es confidencial. Todo lo que se le dice al coach es secreto profesional, incluyendo la relación de Coaching. Por lo tanto, el coach no puede compartir con otras personas ni los nombres de sus clientes ni la información que le brindan.

---

2 https://coachingfederation.org/app/uploads/2021/05/icf-Code-of-Ethics_Spanish_Brand-Updated.pdf

3 Para mayor información consultar https://coachingfederation.org/interpretive-statements

La confidencialidad también implica que, cuando un coach es contratado por una organización, lo que se habla en la sesión solo puede ser revelado a la organización con el consentimiento de la persona que está recibiendo Coaching. Por eso, es importante distinguir entre el cliente y el patrocinador, que es la persona u organización que paga por el proceso de Coaching o se encarga de facilitarlo y organizarlo. Puede ser el jefe del cliente o un colega de Recursos Humanos.

En este sentido, el coach explicará al cliente, antes de empezar el proceso, qué información se dará a conocer al patrocinador. La mejor estrategia es compartir la responsabilidad con el cliente, para que decida qué información compartirá con él y establecer, antes de comenzar, un acuerdo claro, que resultará imprescindible para reforzar la confianza que requiere el trabajo de Coaching.

La diferencia entre Coaching y psicoterapia

Un coach debe tener claro qué inquietudes son o no son pertinentes para ser incluidas en el proceso de Coaching. Problemas relacionados con ansiedad, depresión, drogadicción u otras patologías de origen emocional y mental no pertenecen a este campo.

De acuerdo con lo que propone la ICF, el Coaching consiste en "Trabajar junto al cliente en un proceso creativo y estimulante, que le sirva de inspiración para maximizar su potencial personal y profesional".

Cuando las inquietudes que trae el cliente no pertenecen a esta categoría, debe ser derivado al profesional apropiado. Este tema y el de la derivación a otros profesionales se desarrolla ampliamente en *El Coaching: Un mundo de posibilidades* (2018), de Norma Perel y otros autores.

Ejercicio

Determine cuáles de los siguientes temas son apropiados para explorar junto a un cliente durante un proceso de Coaching:

- Ser más efectivo al organizar actividades.
- Tener claros los objetivos profesionales.
- Mejorar la relación con su jefe, porque siente que no lo entiende.
- Mejorar la relación con su equipo de trabajo.
- Decidir si separarse o no de su esposa.
- Bajar de peso.
- Mejorar la relación con su madre, con quien no habla desde hace dos años.
- Evitar ideas suicidas.
- Poder dormir por las noches.
- Recuperar la energía al no sentir ganas de hacer nada.
- Resolver problemas de alcoholismo.

De la lista anterior, solo los primeros cuatro casos son apropiados para ser explorados en sesiones de Coaching. Los restantes requieren la derivación a otro profesional (médico clínico, psicoterapeuta, psiquiatra, nutricionista, neurólogo, etc.), que debe ser el más indicado de acuerdo con la situación planteada. Por lo general, estos desafíos interfieren con el funcionamiento diario de la persona, incluyendo cambios emocionales drásticos, aislamiento social o desesperación, entre otras señales de alarma.

También puede suceder que una persona se encuentre en un tratamiento específico y requiera del servicio de un coach para lograr un objetivo determinado. Por ejemplo, que contrate a un coach para desarrollar la disciplina que requiere el plan de acción que indicó un nutricionista. En estos casos, recomendamos que, con la aprobación del cliente, el coach se comunique con el primer profesional, para delimitar el objetivo de las sesiones de Coaching y establecer un acuerdo entre ambos sobre cómo puede colaborar cada uno para que la persona alcance sus metas.

La diferencia entre Coaching y consultoría

En algunos casos, las organizaciones pueden contratar coaches para que colaboren con el desarrollo de sus líderes. Debe estar clara la diferencia entre el rol del coach, como potenciador de capacidades, y el del consultor que, de acuerdo con su formación, puede ser un experto y dar consejos basados en su experiencia. Muchas veces, el coach desempeña las dos funciones, pero siempre debe tener clara su misión y, sobre todo, explicar a sus clientes la diferencia entre ambos roles.

El consultor es un experto que ofrece orientación e información para que el cliente desarrolle habilidades específicas. Por ejemplo, puede ser contratado para colaborar con un ejecutivo en su planificación estratégica, porque haya trabajado en temas similares durante muchos años.

El coach colabora con el cliente para potenciar sus capacidades a través de conversaciones desafiantes, enfocadas a explorar retos y obstáculos, con la finalidad de identificar sus creencias limitantes, alcanzar metas y desarrollar planes de acción. Por ejemplo, puede ser contratado para identificar fortalezas y áreas de desarrollo de un ejecutivo y, de esta manera, prepararlo para desafíos futuros.

Acuerdo de Coaching

En el próximo capítulo desarrollaremos esta competencia en detalle, pero no podemos dejar de explicar brevemente la estrecha relación entre los estándares profesionales y el establecimiento del Acuerdo de Coaching.

Muchas de las quejas que recibe la ICF de clientes sobre sus coaches se basan en la falta de claridad en los acuerdos establecidos. Por ejemplo, un cliente que quiere que su coach le devuelva el dinero que le pagó por anticipado por no estar conforme con los servicios recibidos, o un cliente que se queja porque el coach compartió con su jefe una información que se suponía confidencial, o bien un cliente que presenta una queja porque el coach le recomendó no buscar ayuda de un profesional de la salud mental.

En la medida en que el coach invierte tiempo en clarificar qué es Coaching y cómo funciona, se evitan malos entendidos y posibles futuros conflictos éticos. En el momento del acuerdo hay que evaluar el nivel de "coachabilidad" o capacidad del cliente para recibir Coaching y tener en cuenta nuestra intuición, es decir, valorar nuestra voz interior que tal vez nos indique que el cliente no está listo para el proceso, o que podría no constituir un buen *match* para nosotros. Si durante el establecimiento del acuerdo de trabajo hay algo que "no cierra", que nos hace pensar que el cliente no está listo, que no está comprometido con el proceso o que tiene otras dificultades que pueden impedir lograr las metas de Coaching, es importante derivarlo. Por ejemplo, si la persona empieza la conversación con quejas sobre profesionales de la salud mental que no lo ayudaron y cree que el coach es el último recurso, si espera una solución "mágica" para alcanzar una meta, si va a empezar Coaching porque se lo indicó su jefe pero no cree que lo necesite, si hay señales de posibles obstáculos para que el proceso de Coaching sea exitoso.

Casos para reflexionar

Aunque en el apéndice correspondiente compartimos respuestas elaboradas por nosotros, le proponemos que reflexione acerca de qué haría usted en los siguientes casos.

- *Caso 1.* Un cliente lo llama para recibir Coaching y empieza a compartir la experiencia negativa que tuvo con un coach al que usted conoce. Usted confía en la habilidad de su colega e intuye que el cliente tiene expectativas poco realistas acerca de lo que quiere conseguir de la relación de Coaching. ¿Toma al cliente o lo deriva? ¿Qué alternativa se le ocurre? ¿Cómo manejaría la situación?
- *Caso 2.* Un cliente con el que usted viene trabajando desde hace varios meses le cuenta que en su trabajo le asignaron un nuevo coach, pero que quiere seguir trabajando con usted de todas maneras. ¿Es ético seguir la relación de Coaching sabiendo que en su trabajo va a recibir el servicio de manera gratuita? ¿Qué le preguntaría a su cliente en esta situación? ¿Qué variables debería tomar en cuenta?
- *Caso 3.* Un cliente que está muy contento con su trabajo le dice que le quiere presentar a su jefe, para que le brinde Coaching a él también. ¿Acepta la invitación? ¿Por qué lo haría o por qué no? ¿Cuáles serían los posibles desafíos si aceptara empezar a trabajar con el jefe de su cliente?
- *Caso 4.* Un cliente que está muy agradecido por sus servicios lo invita a su casa para que conozca a su familia, ya que la transformación que tuvo llevó mayor armonía a su hogar. Usted trabajó con su cliente durante seis meses en forma virtual y sería la primera vez que lo vería personalmente. ¿Acepta la invitación? ¿Por qué lo haría o por qué no?
- *Caso 5.* Un colega le cuenta que otro coach tomó material de su página web y lo copió para hacer publicidad personal. ¿Qué le recomendaría?
- *Caso 6.* Usted se da cuenta de que un colega se está presentando con las credenciales de la ICF sin haberlas obtenido todavía.

- *Caso 7.* Un cliente lo llama y le dice que está muy deprimido, y que no se siente con ánimo para tener la sesión ese día. ¿Cuál es su proceder? ¿Cobra la sesión de todas maneras?
- *Caso 8.* Un cliente no le paga las sesiones desde hace tres meses. ¿Usted estaría dispuesto a agendar nuevas sesiones o esperaría que le pagara?
- *Caso 9.* Un cliente potencial lo llama. Le dice que quiere un coach, pero que no está seguro de trabajar con usted porque prefiere un coach de su mismo género. ¿Cuál es su proceder?
- *Caso 10.* Un cliente le ofrece escribir una referencia positiva sobre su trabajo en su página de Linkedin. ¿Acepta la oferta? ¿Por qué lo haría o por qué no?
- *Caso 11.* El jefe de su cliente lo llama y le pide que le dé un reporte del progreso del colaborador con el que está trabajando. ¿Cuál es su proceder?
- *Caso 12.* Recibe un llamado de un conocido que le ofrece referirle un cliente y le pide que no le informe que usted le dará una comisión. ¿Cuál es su proceder?
- *Caso 13.* El cliente decide terminar su Coaching en la mitad del proceso. ¿Cuál es su proceder?
- *Caso 14.* El cliente no progresa y considera que está perdiendo tiempo y dinero trabajando con usted. ¿Cuál es su proceder?
- *Caso 15.* El cliente le ofrece que reciba un porcentaje de las ganancias de un negocio que hará como resultado del Coaching. ¿Por qué aceptaría la oferta y por qué no?
- *Caso 16.* El cliente le dice que empieza Coaching porque esta es la última oportunidad que recibe de su empleador y depende de este proceso que conserve su trabajo, pero no cree que lo necesite y opina que el que tiene que cambiar es su jefe. ¿Empieza el proceso de Coaching de todas maneras?

Capítulo 2

Encarna una Mentalidad de Coaching

En 2019, cuando la ICF revisó su marco de ocho Competencias de Coaching, las dividió entre las del *hacer* y las del *ser* y, entre estas últimas –que son dos– incluyó, junto a Demuestra Práctica Ética, una nueva: Encarna una Mentalidad de Coaching.

Según Wilson y Gislason (2010) la mentalidad de Coaching es la "actitud y perspectiva que se traen a la conversación de Coaching". Incluye nuestra interpretación de cómo el Coaching contribuye al éxito de los clientes y de cómo entendemos nuestro rol en ese proceso.

La ICF sostiene que los clientes son naturalmente creativos, ingeniosos y capaces de encontrar sus propias soluciones, y esperan que el coach *co-cree* junto a ellos durante el proceso de Coaching. Esto implica ofrecer una actitud de colaboración, inspiración y creatividad, en vez de una de guía y asesoramiento.

Definición

El coach:
Desarrolla y mantiene una mentalidad abierta, curiosa, flexible y centrada en cada cliente.

Según la ICF, para demostrar esta competencia, el coach:

1. Reconoce que los clientes son responsables de sus propias elecciones.
2. Participa en el aprendizaje y en el desarrollo continuo como coach.
3. Elabora un ejercicio continuo de reflexión para mejorar su propio Coaching.
4. Permanece consciente de y abierto a la influencia en sí y en otros del contexto y de la cultura.
5. Usa la conciencia de sí y la propia intuición en beneficio de los clientes.
6. Desarrolla y mantiene la capacidad de regular las propias emociones.
7. Se prepara para las sesiones mental y emocionalmente.
8. Busca ayuda en fuentes externas cuando es necesario.[4]

Esta competencia aborda la forma en que los coaches piensan, interpretan y se manifiestan a sus clientes. Propone una *forma de ser en el mundo* que va más allá de la relación con los clientes. Incluye el significado que los coaches proporcionan a sus prácticas y en qué medida sus comportamientos están alineados con sus intenciones y sus expectativas de rol.

Considerando esta mirada, el Coaching no es solo lo que el coach hace sino que también incluye quién *es*, lo que implica reflexionar acerca de su manera de mostrarse, de construir confianza, de escuchar, de articular ideas y de compartir intuiciones que lo lleven a permanecer “abierto, curioso, flexible y centrado en cada cliente”.

---

4 Ver apéndice o https://coachingfederation.org/core-competencies

Análisis de cada habilidad

1. Reconoce que los clientes son responsables de sus propias elecciones

El coach puede tener algunas ideas acerca de lo que es mejor para sus clientes, pero son ellos los que tienen que vivir con sus decisiones. ¿Cómo mantener un equilibrio entre las que pueden ser –para el coach– las mejores estrategias y las condiciones únicas de la persona con la que está trabajando? La agenda siempre es determinada por el cliente. Sin embargo, si tiene puntos ciegos y *no sabe qué no sabe* acerca de una situación que el coach está percibiendo, ¿qué conviene hacer? Creemos que es apropiado que el coach le presente al cliente información a la que quizás no tiene acceso y que no está en su conciencia, pero teniendo claro que será el cliente quien elija si quiere abordarla o no. Esto puede darse, por ejemplo, si el coach entiende que discutir el pensamiento estratégico, el cambio climático u otros problemas sistémicos es primordial para el éxito del cliente como líder, aunque él no esté consciente de esos temas y, por lo tanto, no estén a la vanguardia de sus prioridades.

Los coaches proporcionan un espacio reflexivo para que los clientes trabajen sobre las inquietudes que traen, para que las exploren, para que creen conciencia al considerar la situación desde otras perspectivas, para que sean nuevos "observadores" de su realidad, para que alcancen sus propias conclusiones y elaboren planes de acción.

Desde esta mirada, los clientes, son responsables de sus decisiones; pero ¿qué sucede si estas decisiones no producen los resultados esperados? ¿Es responsabilidad del coach? Nosotros creemos que no. El coach invita a sus clientes a reflexionar sobre los beneficios y los costos de sus elecciones, considerando a cada uno un ser "completo, ingenioso y con recursos" y capaz de vivir con las consecuencias de sus decisiones.

Desde un punto de vista sistémico, creemos que el contexto influye en el trabajo de Coaching y, por lo tanto, si el cliente no trae a la conversación de qué manera el contexto lo influencia, es importante que el coach lo haga. Por ejemplo, actualmente estamos en medio de la pandemia de COVID-19, y si el cliente no presenta esta situación en el Coaching, creemos que es nuestra responsabilidad plantearla y preguntar cómo lo está afectando la pandemia. El cliente es responsable de tomar decisiones sobre la medida en que desea explorar y discutir –o no– los temas planteados por el coach.

El coach debe ser consciente de cómo impacta en su cliente y de la dinámica de poder que puede entrar en juego durante el proceso de Coaching. A veces, los clientes son parte de un programa obligatorio y pueden no haber elegido a su coach. En esta situación, es clave ser conscientes de las creencias que tanto el cliente como el coach pueden tener sobre el proceso, y explorarlas al empezar a trabajar juntos. Algunos clientes pueden experimentar presión por parte de sus jefes para producir resultados en el Coaching y tener expectativas no realistas de lo que puede suceder en el proceso.

2. Participa en el aprendizaje y en el desarrollo continuo como coach

El Coaching se enfoca en el aprendizaje del cliente. De la misma manera que el cliente está aprendiendo durante el proceso de Coaching, el coach necesita seguir desarrollando habilidades, aprendiendo nuevos modelos teóricos e incorporando instrumentos a su caja de herramientas. A la mayoría de los coaches les encanta aprender, porque esta actividad es el núcleo de su trabajo. Sin embargo, algunos no lo hacen, por falta de tiempo o de recursos. En este marco, la mentalidad de Coaching se demuestra cuando los profesionales invierten en su desarrollo continuo y se mantienen actualizados incorporando a su acervo de conocimientos las nuevas investigaciones, teorías y tendencias que van apareciendo, tanto en publicaciones escritas como en conferencias y actividades de desarrollo profesional. Las posibles prácticas para mantenerse actualizados pueden incluir la asistencia a seminarios web, conferencias, la lectura de libros y revistas o recibir Supervisión de Coaching (esta actividad también ofrece unidades de educación continua para renovar acreditaciones de la ICF).

Así como es importante mantenerse expectante ante los nuevos desarrollos, también lo es ser selectivo y no excederse a la hora de elegir en qué participar y cómo. En la actualidad, gran cantidad de oportunidades virtuales gratuitas le ofrecen al profesional ávido de conocimientos una variedad de opciones para su desarrollo.

3. Elabora un ejercicio continuo de reflexión para mejorar su propio Coaching

La *Súper-visión* de Coaching se define como una práctica reflexiva, continua y colaborativa para el trabajo del coach. A menudo se le da una interpretación errónea a la palabra supervisión, que la vincula con la orientación, la gerencia, el control de calidad o la rendición de cuentas. En esta interpretación, el supervisor puede ser entendido como alguien que les dice a los coaches lo que tienen que hacer y se enfoca en el control de calidad de su trabajo. Entendemos, en cambio, que la Súper-visión le ofrece al coach una oportunidad para reflexionar sobre sus prácticas y discutir dilemas éticos, reacciones emocionales, puntos ciegos y preocupaciones que surgen durante el trabajo con sus clientes. En el espacio de la Súper-visión, los coaches pueden encontrar nuevas respuestas a partir de conversaciones con colegas más experimentados y entrenados como supervisores. ¿Qué podemos hacer si el cliente está atascado o no está comprometido con el proceso? ¿Qué sucede si el cliente nos recuerda a un miembro de nuestra familia? Separar la palabra en dos –*Súper-visión*–

nos parece una buena manera de recordar que este espacio brinda un punto de vista distante y desde la altura, una visión similar a la de las imágenes aéreas que captan los drones, que permite disociarse de las relaciones con los clientes y explorar en profundidad lo que estamos viendo desde lejos.

Creemos que los coaches, al trabajar con un supervisor, demuestran estar comprometidos con su crecimiento continuo. En Europa, particularmente en el Reino Unido y en Francia, la supervisión ha sido mucho más desarrollada que en el resto del mundo. Para el Consejo Europeo de Mentores y Coaching (EMCC), la Supervisión de Coaching es una actividad vinculada con la ética profesional y, por lo tanto, se la considera obligatoria para renovar las credenciales de Coaching.

4. Permanece consciente de y abierto a la influencia en sí y en otros del contexto y de la cultura

El nuevo marco que propone la ICF reconoce la influencia del contexto y la cultura en el trabajo de Coaching, como no lo hacía hasta este momento. Creemos que los programas académicos de nuestra profesión deben asumir la responsabilidad de capacitar a los coaches sobre cómo ser culturalmente competentes y conscientes, de modo de poder mantener con sus clientes conversaciones sobre temas que pueden ser incómodos o desafiantes.

Definimos la cultura no solo como lo vinculado con el país de origen, sino también con lo que sostienen como válido grupos de personas que comparten los mismos valores, las mismas creencias y los mismos rituales, entre otros elementos. La cultura puede incluir el país de origen, el género, la religión, la orientación sexual, la generación, la educación y la capacidad, por mencionar solo unos cuantos ejemplos.

¿Cómo trabajamos con personas con diferentes valores, culturas, perspectivas, visiones del mundo? ¿Cómo nos adaptamos? A veces puede resultar un desafío encontrar la mejor manera de navegar las diferencias, para explorarlas con los clientes de una manera efectiva. Se trata de ser conscientes de cómo las diferentes culturas de las que somos parte nos influyen y asegurarnos de mantener una perspectiva abierta a esas diferencias cuando trabajamos con los clientes. Si empezamos una relación de Coaching o de Súper-visión, siempre es una buena idea preguntarle al cliente: ¿Qué consideras que necesitamos conversar sobre tu cultura para trabajar juntos? Lo ideal es no dar nada por sentado. Por ejemplo, en el caso de Damián, que vive en los Estados Unidos, cuando la gente lo conoce, asume que es norteamericano, hasta que empieza a hablar y descubre su acento. En principio, lo ven como un hombre blanco, pero tal vez no sepan que nació en la Argentina y emigró varios años antes.

Actualmente, en los Estados Unidos, se conversa mucho sobre temas raciales, discriminación y falta de equidad, y se multiplican las empresas que buscan coaches para trabajar con sus líderes en el desarrollo de habilidades que permitan navegar la diversidad y la inclusión. Los coaches pueden tener un rol importante brindando apoyo a los líderes para desarrollar conciencia sobre sus sesgos y estereotipos, así como sobre las creencias limitantes acerca de las diferencias culturales que puedan afectar las relaciones con sus colaboradores.

En la mentalidad de Coaching, la curiosidad es clave y se aplica plenamente cuando se trabaja con todo tipo de diferencias. ¿Qué necesito saber sobre ti para que podamos trabajar juntos? ¿Qué quieres saber sobre mí? ¿Eso te ayudará? Creemos que estas preguntas son simples, pero muy significativas para un trabajo efectivo que considere las diferencias como oportunidades de crecimiento y que no dé por sentado que se comparten las mismas creencias, los mismos valores y las mismas perspectivas. Las diferencias son una fuente de aprendizaje y, como coaches, es importante no minimizarlas, sino identificarlas, entenderlas y aceptarlas.

Ejercicios

1. Considera a un cliente de Coaching y evalúa cómo las diferencias han obstaculizado o apoyado el proceso, cómo afectaron el trabajo entre ustedes. ¿Qué funcionó bien? ¿Qué habrías hecho de manera diferente si pudieras encarar ese proceso de Coaching nuevamente? ¿Qué harías de otra manera en el futuro, si se te presentara una situación similar?
2. Identifica un cliente que llevó el tema de la diversidad cultural a una sesión de Coaching y recuerda cómo lo abordaste. ¿Qué funcionó bien? ¿Qué podría haber sido diferente?

5. Usa la conciencia de sí y la propia intuición en beneficio de los clientes

Este estándar se enfoca en trabajar con uno mismo como instrumento. Es decir, usar nuestras propias experiencias, reacciones emocionales, hipótesis y reacciones corporales como información que puede ser de utilidad para el cliente y para el proceso de Coaching. Históricamente, los coaches han sido entrenados para centrarse en el cliente y olvidarse de sí mismos durante las sesiones. Como resultado, no han aprendido a utilizar sus propias sensaciones corporales, ni sus emociones, ni las reacciones que sienten durante las conversaciones sostenidas para provocar el desarrollo de conciencia del cliente.

Esta información corporal, emocional o racional puede resultar útil, por ejemplo, para que los clientes desarrollen conciencia –a partir de cómo se relacionan con su coach– de cómo se relacionan con los demás. Un coach efectivo comparte lo que le está sucediendo en el *aquí y ahora* para provocar respuestas de su cliente. Este compartir la experiencia personal –qué le ocurre al coach en el momento– debe ir seguido de una pregunta para evaluar cómo el cliente entiende e incorpora esa observación. El coach no comparte su experiencia solo por compartirla, sino de manera intencional, para provocar una reacción que le permita entender la relación con el cliente como un posible patrón que indique cómo se relaciona con otras personas fuera del Coaching.

La nueva mirada que plantea la ICF implica reformular la idea de que para ser efectivo en la sesión el coach tiene que olvidarse de sí mismo. En cambio, propone prestar atención a las propias reacciones, a los propios pensamientos, a las emociones, la intuición y las reacciones corporales, porque los considera información que puede ser valiosa para el cliente cuando se la comparte con respeto, con cuidado, y con la intención de crear conciencia y aprendizaje.

La Súper-visión es un espacio de reflexión en el que podemos evaluar cómo nos incluimos como instrumento, en beneficio de nuestros clientes, y en el que abandonamos la idea de que no debemos compartir nuestras experiencias en el *aquí y ahora.* Se trata de reemplazar el viejo paradigma y buscar oportunidades de tomar algunos riesgos, de mostrarnos vulnerables y de compartir-nos con nuestros clientes, incluyendo nuestras intuiciones.

Podemos definir la intuición como lo que sabemos que sabemos; no sabemos cómo, pero lo sabemos. No tenemos toda la información disponible; sin embargo, tenemos alguna hipótesis sobre lo que está sucediendo. ¿Existe la posibilidad de que lo que estoy experimentando en el *aquí y ahora* de la sesión sea lo que los colegas del cliente estén experimentando en sus interacciones con él? Esto puede ser presentado como una hipótesis que cree nueva conciencia.

Pam McLean (2019) sugiere que para cultivar el coach interior (*self as coach*) y continuar el proceso de aprendizaje, se deben considerar seis elementos: la calidad de la presencia, la empatía, la variedad de sentimientos, los límites y los sistemas, el coraje y la corporalidad.

- *Presencia.* Implica prácticas de *mindfulness* (conciencia plena), porque nos conectan con nuestras experiencias, para enriquecer la manera como nos relacionamos, como trabajamos y como damos Coaching. Implica prestar atención a lo que está pasando, notarlo, y ser curiosos al respecto. También implica prestar atención a nuestro cuerpo, corazón, pulso, pensamientos, sesgos, juicios y deseos.

• *Empatía*. Es la capacidad de sentir y entender emociones, circunstancias, intenciones, pensamientos y necesidades de los otros y, de esa manera, ofrecer tanto apoyo como una comunicación sensible, perceptiva y apropiada (McLaren, 2013).

• *Variedad de sentimientos*. Las emociones son las respuestas fisiológicas que nos dan información sobre el mundo, y los sentimientos son las respuestas conscientes de la emoción. Identificar y nombrar el sentimiento nos permite tomar acción. Este proceso, que va de la emoción a la acción, requiere atención plena o *mindfulness*. Reconocer, nombrar y actuar conscientemente nos ayuda a manejar nuestras emociones de manera efectiva.

• *Límites y sistemas*. Este ítem refiere a reconocer las tendencias, a desarrollar límites flexibles, que permitan un nivel de separación óptimo con las otras personas. Estos límites pueden producir desconexión si son muy rígidos, o, en cambio, sobreprotección si son muy abiertos y nos involucramos demasiado en la situación. Podemos escuchar mejor a nuestros clientes manteniendo la distancia apropiada. La mirada que propone Pam McLean indica la necesidad de prestar atención a todos los sistemas de los que somos parte y a cómo sus dinámicas devienen texto en nuestro trabajo con los clientes.

• *Coraje*. Implica la disposición para tomar riesgos, para enfrentar nuestros miedos, nuestras maneras de ser habituales, así como de comportarnos. Significa accionar, aunque haya fuerzas internas o externas que se opongan para alcanzar resultados.

• *Corporalidad*. Es la habilidad de estar totalmente *presente*: cabeza, corazón e intestinos. Incluye identificar indicadores somáticos que conectan el cuerpo con emociones específicas. Significa no ignorar la sabiduría de nuestro cuerpo y mantenernos centrados.

6. Desarrolla y mantiene la capacidad de regular las propias emociones

La Inteligencia Emocional está vinculada con varios de los problemas más comunes que los clientes traen al Coaching. Pero ¿cómo funciona la Inteligencia Emocional de los coaches? Lo que está sucediendo en el mundo no solo afecta a los clientes, sino que los afecta también a ellos. La Súper-visión puede ser el espacio indicado para explorar las reacciones emocionales y asegurarse de que se está en el camino que conduce a la práctica de un Coaching efectivo.

Atender a la propia Inteligencia Emocional significa, para los coaches, conocerse a sí mismos, manejar sus emociones, cultivar la empatía y manejar las relaciones. Los coaches deben prestar atención a los procesos de identificación, cuando se ven reflejados en sus clientes y necesitan disociarse para tener mayor claridad en sus intervenciones. Por ejemplo, si el cliente enfrenta un desafío en el que está involucrado un colega y este desafío es similar a uno que el coach está teniendo en ese momento en su propia vida, este tiene que prestar especial atención para no identificarse con el rol de "víctima" ni "comprar la historia", y para mantener una distancia que le permita explorar lo que pasa, sin dejar que su experiencia personal influya en su trabajo. Identificar las diferencias entre las situaciones que enfrentan el coach y su cliente –y no solo lo que tienen en común– puede ayudar en este proceso. Adicionalmente, mirarse desde afuera y tomar distancia de quien está siendo en ese momento, al disociarse, le puede permitir al coach considerar otras perspectivas.

La Súper-visión de Coaching es un espacio ideal para reflexionar sobre las emociones emanadas del trabajo con nuestros clientes. Identificar, procesar, normalizar y validar sus experiencias, le permite al coach estar en mejores condiciones emocionales para hacer su trabajo.

7. Se prepara para las sesiones mental y emocionalmente

Los coaches necesitan estar centrados para ser efectivos. El centramiento implica un estado mental, emocional y corporal apto para hacer su trabajo. La preparación para lograr esa sensación de centramiento es diferente para cada coach, pero por lo general se requiere el descanso apropiado entre sesiones, dormir el tiempo necesario y comer saludablemente, además de contar con un ambiente pacífico y la realización de ciertos rituales, como respirar, ponerse de pie, estirarse, escribir notas sobre la sesión y caminar brevemente.

Cuando trabajan de manera virtual, los coaches deben tener cuidado de mantener suficiente espacio entre sesiones, ya que, como no hay que conducir o llegar a la oficina del cliente, se pierden los espacios de lugar y de tiempo que permiten distanciar una conversación de otra. Es importante que los coaches se aseguren de encontrar maneras de recargar las baterías entre sesiones. Hay varias aplicaciones que pueden ser útiles en este sentido, como, por ejemplo, *Calm, Head Space, Ten Percent* e *Insight Timer.*

8. Busca ayuda en fuentes externas cuando es necesario

Muchas veces los coaches trabajan aislados, sin mucha interacción con otros colegas. Tarde o temprano, en la práctica profesional aparecen situaciones que requieren otras perspectivas. Este estándar también está relacionado con la Súper-visión, e implica una actitud ética y profesional que permita saber cuándo pedir apoyo. El coach necesita no solo tener la sabiduría de identificar cuándo necesita ayuda, sino también la vulnerabilidad para pedirla. La ayuda de fuentes externas puede incluir, por ejemplo, un supervisor o un profesional de la salud mental (psicólogo, counselor, etcétera).

En algunas ocasiones, también es necesaria la ayuda para establecer si un cliente requiere recibir atención de un profesional de la salud mental en vez de Coaching. Al pedir ayuda, el coach está modelando una mentalidad de Coaching y un comportamiento ético. Durante el proceso de Coaching, a veces, el trabajo se enfoca en buscar los recursos y las derivaciones adecuados para el cliente. Los coaches necesitan tener una red de recursos a disposición, que les permita pedir ayuda tanto para sus clientes como para sí mismos.

Creemos que todos los coaches profesionales necesitan trabajar con un supervisor, ya que las propias creencias limitantes pueden obstaculizar el trabajo de Coaching. Estas creencias pueden estar relacionadas con nuestra comprensión de cómo funciona la actividad profesional que desarrollamos, con la capacidad de un cliente para hacer algún trabajo o con nuestra propia capacidad para brindar un buen servicio, entre muchas otras. En *Supervisión de Coaching* (2018) explico cómo la Súper-visión no es solo una práctica para el desarrollo profesional sino que también es restaurativa, porque permite recargar baterías y lidiar con reacciones emocionales.

Ejercicio

- Identifica a un cliente y considera si durante el proceso de Coaching se te presentó alguna creencia limitante que te impidió ser más efectivo. ¿Cuál fue esa creencia? ¿Qué cosa diferente podrías haber hecho?
- Examina una situación de Coaching en la que no estabas seguro de qué debías hacer. ¿Con quién consultaste? ¿Harías algo diferente después de leer este capítulo?

Indicadores de la ICF a nivel de PCC

Encarnar una mentalidad de Coaching –una mentalidad abierta, curiosa, flexible y centrada en cada cliente– es un proceso que requiere aprendizaje y desarrollo continuos, mantener una práctica reflexiva y preparación para las sesiones. Estos elementos tienen lugar en el transcurso del desarrollo profesional de un coach y no pueden ser captados por completo en un solo momento. Sin embargo, ciertos elementos de esta competencia pueden demostrarse en una conversación de Coaching. Estos comportamientos particulares se articulan y evalúan a través de los siguientes: 4.1, 4.3, 4.4, 5.1, 5.2, 5.3, 6.1, 6.5, 7.1 y 7.5.[5] Al igual que en otras áreas de las Competencias, será necesario demostrar un número mínimo de estos indicadores para aprobar la evaluación de desempeño a nivel PCC. Todos los elementos de esta Competencia también serán evaluados en el examen escrito para las Credenciales de ICF (CKA).[6]

---

5 Indicadores para PCC de otras competencias que están vinculados a la mentalidad de Coaching. **Competencia 4: Cultiva Confianza y Seguridad.** 4.1: El coach reconoce y respeta los talentos, los descubrimientos y el trabajo únicos de cada cliente en el proceso de Coaching. 4.3: El coach reconoce y apoya la expresión de sentimientos, percepciones, preocupaciones, creencias o sugerencias de cada cliente. 4.4: El coach colabora con cada cliente invitándolo a responder de cualquier manera a sus contribuciones y acepta su respuesta. **Competencia 5: Mantiene Presencia.** 5.1: El coach actúa en respuesta a toda la persona de cada cliente (el quién). 5.2: El coach actúa en respuesta a lo que cada cliente quiere lograr en la sesión (el qué). 5.3: El coach colabora con cada cliente apoyándolo al elegir lo que ocurra en la sesión. **Competencia 6: Escucha Activamente.** 6.1: El coach personaliza preguntas y observaciones utilizando lo que aprendió sobre quién es cada cliente o su situación. 6.5: El coach indaga o explora cómo cada cliente se percibe actualmente a sí mismo o a su mundo. **Competencia 7: Evoca Concienci**a. 7.1: El coach hace preguntas sobre cada cliente, como su forma de pensar, sentir, valores, necesidades, deseos, creencias o comportamientos. 7.5: El coach comparte, sin apego, observaciones, intuiciones, comentarios, pensamientos o sentimientos, e invita a cada cliente a explorar en forma verbal o tonal.

6 Ver apéndice o https://coachingfederation.org/pcc-markers

CO-CREAR LA RELACIÓN

Capítulo 3

Establece y Mantiene Acuerdos

Establecer el Acuerdo de Coaching es una de las competencias que sientan la base de la co-creación de la relación entre el coach y su cliente.

Muchos de los desajustes éticos o profesionales surgen como resultado de falta de claridad sobre las responsabilidades de cada parte, o si, tanto el coach como el cliente, no respetaron lo acordado al principio del proceso.

Definición

El coach:
Colabora con cada cliente y con las partes interesadas pertinentes para crear acuerdos claros sobre la relación, el proceso, los planes y las metas de Coaching. Establece acuerdos para el compromiso de Coaching general, así como para cada sesión de Coaching.

Según la ICF, para demostrar esta competencia –Establece y Mantiene Acuerdos–, el coach:

1. Explica qué es y qué no es el Coaching, y describe el proceso al cliente y a las partes interesadas pertinentes.
2. Logra un acuerdo sobre qué es y qué no es adecuado en la relación, qué se está y no se está ofreciendo, y las responsabilidades de cada cliente y de las partes interesadas pertinentes.
3. Logra un acuerdo sobre las directrices y parámetros específicos de la relación de Coaching, tales como logística, tarifas, programación, duración, término, confidencialidad e inclusión de otros.
4. Colabora con cada cliente y con las partes interesadas pertinentes para establecer un plan y metas generales de Coaching.
5. Colabora con cada cliente para determinar la compatibilidad cliente-coach.
6. Colabora con cada cliente para identificar o reconfirmar lo que quieren lograr en la sesión.
7. Colabora con cada cliente para definir qué creen que necesitan abordar o resolver para lograr lo que quieren conseguir en la sesión.
8. Colabora con cada cliente en definir o reconfirmar medidas del éxito para lo que desean conseguir con el compromiso de Coaching o en la sesión individual.
9. Colabora con cada cliente para manejar el tiempo y el enfoque de la sesión.
10. Continúa haciendo Coaching en la dirección de los resultados deseados por cada cliente a menos que se indique lo contrario.
11. Colabora con cada cliente para terminar la relación de Coaching de manera que se honren las experiencias.[7]

7 Ver apéndice o https://coachingfederation.org/core-competencies

Existen dos niveles de Acuerdo: el *Contrato* que se establece para todo el proceso de Coaching y el *Acuerdo* que se fija para cada sesión.

Establecer el Contrato al principio del proceso de Coaching

El coach le presenta claramente al cliente las pautas y los parámetros concretos de la relación de Coaching. Esto incluye detalles de logística y del proceso, como, por ejemplo:

- Decidir si el proceso será presencial o virtual.
- Definir si los pagos se harán antes o después de las sesiones.
- Establecer el calendario de sesiones y la periodicidad, cuántas veces por mes ser reunirán y por cuánto tiempo.
- Clarificar expectativas relacionadas con la cancelación de sesiones. Por ejemplo, si se tiene que pagar la sesión aunque el cliente la cancele, salvo que lo haga con 24 o 48 horas de anticipación.
- Acordar la participación de terceros, en particular, cuando la contratación es a través de una empresa o de un patrocinador. Por ejemplo, si se van a reunir con el jefe y con personal de Recursos Humanos al principio y al final del proceso de Coaching.
- Definir qué es el Coaching y distinguirlo de otras actividades profesionales. Clarificar qué se ofrece y qué no se ofrece.
- Definir las responsabilidades del cliente y las del coach. Explicar qué es apropiado y qué no lo es, en la relación profesional de Coaching.
- Clarificar qué es confidencial y qué no lo es, en el proceso de Coaching. Identificar si las organizacio-

nes tienen estipulaciones específicas. Por ejemplo, si el cliente recibe acoso sexual o emocional en su trabajo, o si está considerando dejar la organización, esto debe ser comunicado a Recursos Humanos.

Desde el primer contacto con el cliente, el coach se ocupa de entender sus necesidades e intereses, para, con esta información, evaluar si es apropiado que trabajen juntos. Si el coach evalúa que puede ofrecerle sus servicios, recomendamos que presente al cliente un contrato por escrito (véase Apéndice 1). Aunque esto no es un requisito legal, asegura mantener un estándar profesional. Presentar el contrato escrito antes de iniciar el proceso de Coaching aporta claridad sobre las expectativas mutas, tanto al coach como al cliente. El contrato es, además, una herramienta muy útil cuando hay incumplimientos de expectativas. Si surge un malentendido en la relación, el documento sirve para ser consultado. Por ejemplo, si el cliente no se presenta a la sesión de Coaching, no avisa, y no considera apropiado pagar por la sesión, se debe recurrir al contrato escrito que podría establecer que las sesiones solamente pueden recuperarse cuando se avisa con 24 horas de anticipación (o con cualquier otra cláusula en relación con la recuperación de sesiones).

El contrato de Coaching por escrito da mayor formalidad y ayuda a aumentar el nivel de compromiso, ya que muchas personas toman al proceso con más seriedad si se firma un documento. Al discutir las expectativas, los objetivos esperados, las responsabilidades del coach y del cliente, y las condiciones de confidencialidad, el proceso se torna transparente; se evita que surjan sorpresas. La claridad de expectativas facilita el desarrollo de la confianza entre coach y cliente, y permite trabajar con una fuente de referencia en caso de que aparezcan situaciones imprevistas.

Establecer el Acuerdo al principio de cada sesión de Coaching

Cada sesión individual debería remitir al proceso general de Coaching, que generalmente dura aproximadamente seis meses. Es necesario trabajar con el cliente para determinar lo que quiere conseguir en cada sesión, de modo que sea posible alcanzar los objetivos generales de todo el proceso.

A veces, los coaches principiantes tienen la tentación de pasar inmediatamente a resolver los temas que trae el cliente. Quieren encontrar la solución al problema presentado cuanto antes, y pasan a explorar alternativas de acción, en lugar de sondear las necesidades y los deseos del cliente, así como qué le pasa con su desafío.

Creemos que el Coaching se debe enfocar en la persona –el *quién*–, o sea, en las creencias, valores y emociones del cliente, y no solo en la situación que trae para trabajar –el *qué*–. Esto requiere profundizar en la inquietud que el cliente trae a la sesión y no quedarse en un nivel superficial de entendimiento.

Durante el Acuerdo de Coaching nos interesa explorar la motivación del cliente. ¿Para qué quiere trabajar sobre esta inquietud? Cuando formulamos esta pregunta podemos llegar a darnos cuenta de que lo que el cliente propone quizás sea un síntoma de otro problema. Por eso, es necesario dedicarle tiempo a esta competencia, para asegurarnos de que trabajamos temas que le permitan al cliente aprender desde un nivel más profundo.

Al iniciar la sesión de Coaching, siguiendo el modelo de la ICF, sugerimos que se tengan en cuenta las siguientes preguntas, que van a determinar la profundidad de nuestro trabajo:

– ¿Qué es lo que se quiere conseguir –alcanzar, lograr, trabajar– en esta sesión?

- ¿Para qué se quiere conseguir eso –la inquietud–? El objetivo de esta pregunta es identificar la motivación del cliente.
- ¿Cómo va a saber al final de la sesión que consiguió lo que estaba buscando?, o ¿qué va a ser diferente al final de la sesión? Se busca clarificar medidas del éxito de la sesión.
- ¿Por dónde le gustaría empezar a explorar la inquietud?, o ¿qué temas se debería abordar en la sesión para alcanzar lo buscado?
- Una pregunta que le permite al cliente definir qué temas deben ser abordados durante la sesión es "¿Por dónde le gustaría empezar a explorar la inquietud?".

Creemos que es importante que estas preguntas no se hagan en forma mecánica sino articulándolas con la inquietud que trae el cliente. Por ejemplo, si el cliente quiere trabajar acerca de tener mayor efectividad para el manejo de su tiempo, se le puede preguntar:

- ¿Para qué quiere manejar su tiempo más efectivamente?
- ¿Cómo sabrá, al final de la sesión, que puede manejar el tiempo más efectivamente?
- Para manejar su tiempo más efectivamente, ¿por dónde empezaría a explorar?

Revisar el Acuerdo durante y al final de la sesión de Coaching

El Acuerdo de Coaching provee la dirección para la sesión. Si el cliente quiere cambiar su Acuerdo de trabajo en la mitad de la sesión, es apropiado que el coach articule esta opción. Por ejemplo, puede decir: "Al principio de nuestra sesión acordamos trabajar en cómo desarrollar una relación más efectiva con tu jefe; sin embargo, ahora estás enfocando la conversación en tu relación con tu propio perfeccionismo. ¿En qué dirección prefieres seguir la conversación? No hay ningún problema en cambiar el Acuerdo, siempre que sea articulado y consensuado con el cliente.

Es una práctica efectiva preguntarle al cliente en mitad de la sesión cómo le está resultando. Por ejemplo, "¿Cómo vamos hasta ahora en relación con cómo mejorar la relación con tu jefe?". Chequear el Acuerdo en la mitad de la sesión permite decidir si es necesario hacer ajustes. También es apropiado, al final de la sesión, preguntarle al cliente cómo se siente respecto del Acuerdo estipulado al principio.

Los siguientes son ejemplos del comienzo de una sesión de Coaching:

Sesión con Pablo

(00:01) **Pablo, ¿qué te gustaría trabajar en la sesión de hoy?***

(00:08) Bueno, encantado de verte y de recibir Coaching con vos y de poder colaborar también permitiendo que se grabe la sesión. El tema es el siguiente: yo soy redactor, soy editor. Cuando tenía doce años, por primera vez un profesor me dijo que iba a trabajar de esto, yo no sabía de lo que estaba hablando. Cuando tenía veinticuatro, un escritor que ya tenía ocho novelas publicadas me dijo que tenía que dedicarme a escribir mis cuentos, mis novelas. Tengo libros autografiados por escritores conocidos que dicen: "A mi amigo Pablo, a la espera de su obra…". Así que, bueno, si bien yo vuelco parte de esto en mi profesión de redactor y de editor, mi gran tema o el tema que me gustaría conversar en esta sesión tiene que ver con por qué o cómo tengo que hacer para volcar energía y tiempo en la realización de un proyecto personal.

(01:20) **Cuando decís proyecto personal, ¿qué querés decir?**

* En todos los ejemplos, las intervenciones del coach se presentan en negrita. Las sesiones completas se incluyen en los apéndices.

(01:25) Y, por ejemplo, tengo novelas encaminadas, libros también, que tienen que ver con la ayuda a los demás, temas encaminados, y no creo los espacios para desarrollar estos proyectos.

(01:47) **¿Y qué sería para vos un buen resultado de la sesión de hoy, en relación con encontrar espacios para estos proyectos?**

(01:55) El resultado estaría bueno si yo lograra reflexionar acerca de cómo puedo hacer para crear estos espacios de tiempo, dedicarles energía y poner los pies sobre la ruta de esos proyectos.

(02:15) **¿Qué hace que eso sea importante para vos hoy, o sea, que puedas iniciar esa ruta y desarrollar esos proyectos?**

(02:22) Siento que tendría que ver con una realización personal y también con, de alguna manera, un homenaje a todos los que me alentaron y me siguen alentando en este sentido.

(02:40) **Y en relación con este camino, esta ruta que querés preparar para tener mayor espacio y dedicarle energía, ¿cuál te parece que es un buen lugar para empezar a explorar qué es lo que hay ahí?**

Análisis

El coach empieza la sesión preguntando: "¿Qué te gustaría trabajar en la sesión de hoy?". Esta pregunta se orienta a la acción, y creemos que es más apropiada que preguntar "¿de qué tema te gustaría hablar?". La idea es que la pregunta marca el contexto de la sesión y preguntar por el tema podría quedarse en un nivel descriptivo y no conduciría necesariamente a acciones concretas, que van a ser posibles como resultado de esa conversación. El trabajo del coach no es hablar sobre "temas". Su objetivo es desarrollar el potencial, para alcanzar una mayor efectividad, y eso se consigue clarificando metas y explorando obstáculos, no hablando de "temas".

Cuando el coach pregunta "Cuando decís proyecto personal, ¿qué querés decir?", está buscando clarificar el significado que el cliente le otorga a esa expresión. Consideramos que explorar el lenguaje que utiliza el cliente nos permite entender su mundo interno y clarificar específicamente a qué se está refiriendo. Quizás, el coach tenga una definición diferente de la del cliente para esas palabras. Esto se acentúa si hay diferencias culturales o distintos idiomas originales.

La pregunta "¿Y qué sería para vos un buen resultado de la sesión de hoy, en relación con encontrar espacios para estos proyectos?" permite medir el progreso e identificar qué idea tiene el cliente sobre la resolución ideal de lo que quiere conseguir en la sesión. El cliente puede querer clarificar ideas, tomar una decisión, empezar o abandonar una actividad, encontrar alternativas que no le resultan accesibles en ese momento. A veces, ese resultado no está claro y el coach necesita explorarlo y definirlo junto con el cliente. Según el contexto, puede ser apropiado pedirle al cliente que llegue preparado a la sesión, habiendo contestado las preguntas por escrito y compartido con el coach el día anterior. Esta práctica puede ser muy fructífera para clientes que nunca hayan recibido Coaching y no tengan claro cómo funciona el proceso.

Cuando el coach pregunta "¿Qué hace que eso sea importante para vos hoy, o sea, que puedas iniciar esa ruta y desarrollar esos proyectos?", está identificando la motivación del cliente para alcanzar sus metas en la sesión. Es importante que la pregunta sea adaptada a lo que trae el cliente y no se haga de manera automática, siguiendo un guion.

Finalmente, con el Acuerdo de Coaching se busca que el coach pueda traducir y comprender qué es lo que quiere conseguir el cliente. Articular la comprensión del coach con la del cliente permite consolidar el Acuerdo y marca la transición a la exploración de la inquietud. También es importante que el cliente pueda definir por dónde empezar la exploración. Es el caso de la pregunta "Y en relación con este camino, esta ruta que querés preparar para tener mayor espacio y dedicarle energía, ¿cuál te parece que es un buen lugar para empezar a explorar qué es lo que hay ahí?".

Podemos distinguir tres aspectos fundamentales en el Acuerdo de Coaching: la brecha entre la situación actual y la deseada, lo que el cliente quiere que pase en la sesión y lo que quiere llevarse específicamente al final de la sesión.

En el ejemplo anterior:

– *El desafío del cliente o la brecha.* Pablo dice: "[…] Por ejemplo, tengo novelas encaminadas, libros, también, que tienen que ver con la ayuda a los demás, temas encaminados, y no creo los espacios para desarrollar estos proyectos".

- *Lo que quiere que pase en la sesión.* El cliente dice: "El resultado estaría bueno, si yo lograra reflexionar acerca de cómo puedo hacer para crear estos espacios de tiempo, dedicarles energía y poner los pies sobre la ruta de esos proyectos".
- *Lo que quiere llevarse específicamente al final de la sesión:* "[...] Si bien yo vuelco parte de esto en mi profesión de redactor y de editor, mi gran tema o el tema que me gustaría conversar en esta sesión tiene que ver con por qué o cómo tengo que hacer para volcar energía y tiempo en la realización de un proyecto personal".

Sesión con Diego

(09:11) **¿Cómo te gusta iniciar tus sesiones de Coaching? ¿Hay algo que te gusta hacer?**

(09:24) Cuando tengo esa sensación en ese momento y puedo soltarlo, ya que eso me ayuda a centrarme y a estar en el aquí y ahora.

(09:37) **Perfecto. Yo a mis clientes les pregunto cómo quieren empezar la sesión, qué quieren hacer. Porque a algunos clientes les gusta hacer una respiración, una visualización, pero no a todos. ¿Cómo te gustaría empezar la sesión de hoy?**

(09:52) Me gustaría empezar agradeciéndote y ya. Estoy dispuesto. Ya estoy aquí dispuesto para trabajar el tema que traigo hoy.

(10:06) **Entonces, ¿qué te gustaría trabajar en la sesión de hoy?**

(10:11) Vengo con un desafío desde hace tiempo, y creo que lo incorporé tal vez más en mi ser cuando hice o cuando cursé mi carrera como ingeniero de software y aprendí a ser *multitasking*, a hacer dos mil cosas a la vez. En algún momento me funcionó. En el desarrollo de software funcionaba mucho hacer varias pruebas al mismo tiempo. Sin embargo, ahora que estoy a cargo, dirigiendo la organización con mi esposa, me he dado cuenta de que no estoy siendo muy efectivo con mi tiempo, y he identificado que es por hacer muchas cosas al mismo tiempo, muchas tareas, varias actividades. En este mundo del emprendedor tienes muchas cosas por hacer, y siento que no estoy siendo efectivo con mi tiempo, y veo que viene desde ese aprendizaje de la carrera, tal vez.

(11:16) **Y hoy, en esta conversación, ¿cuál sería un buen resultado en relación con ser efectivo con tu tiempo y el *multitasking*?**

(11:26) Identificar… Identificar qué necesito hacer para enfocarme más en tareas específicas y no hacer de todo al mismo tiempo. Qué necesito empezar a hacer.

(11:44) **¿Y para qué quieres trabajar en la conversación de hoy el manejo de tus tiempos y el *multitasking*?**

(12:00) Hay varios temas, pero pienso que el primero es la tranquilidad de la cabeza. Como que a veces estoy todo el tiempo procesando ideas, procesando ideas… Y eso no me deja descansar, y a veces siento que no descanso lo suficiente, y esto no me permite ser más productivo en el día.

(12:34) **¿Por dónde te gustaría empezar a explorar esto que estás trayendo en relación con el manejo de tu tiempo, el *multitasking*, y eventualmente, llegar a conseguir esa mayor tranquilidad de la que estás hablando?**

Análisis

Al preguntar "¿Cómo te gustaría empezar la sesión de hoy?" el coach se toma un momento para indagar sobre cómo llega el cliente a la conversación. Esta es una forma de cocrear la relación desde el comienzo, saber si el cliente está listo para comenzar o si necesita algo para poder centrarse y estar presente. Quizás podría necesitar un ejercicio de respiración o una breve meditación guiada, o movimientos de estiramiento. O, simplemente, un minuto de silencio para hacer la transición al espacio de Coaching.

Cuando el cliente expresa muchas ideas, es importante poder sintetizarlas y especificarlas, para tener claro el foco de la sesión y cómo se van a medir los logros.

Diego cuenta con detalle los desafíos que enfrenta y el coach tiene que identificar cuál es la cuestión de fondo y a qué puede darle valor en la conversación de Coaching. Es importante poder distinguir cuándo interrumpir al cliente, en particular, si los detalles no agregan valor al trabajo de exploración y reflexión.

El objetivo, que es la situación deseada para Diego, como podemos apreciar, es "[...] Identificar qué necesito hacer para enfocarme más en tareas específicas y no hacer de todo al mismo tiempo. Qué necesito empezar a hacer".

En esta sesión, cuando se indaga sobre la motivación, el coach pregunta "¿Y para qué quieres trabajar en la conversación de hoy el manejo de tus tiempos y el *multitasking*? Diego contesta: "Para lograr la tranquilidad de la cabeza. Como que a veces estoy todo el tiempo procesando ideas, procesando ideas... Y eso no me deja descansar y a veces siento que no descanso lo suficiente, y esto no me deja ser más productivo en el día".

Lo que el cliente se quiere llevar al final de la sesión es tener claro qué le está pasando, tener más ganas de hacerlo y poder pasar a la acción.

Queremos reforzar la idea de no hacer las preguntas del Acuerdo de una manera automática, siguiendo un libreto. Las preguntas tienen que intercalar la información recibida por parte del cliente. Por ejemplo: "¿Y para qué quieres trabajar en la conversación de hoy el manejo de tus tiempos y el *multitasking*?", en lugar de "¿Para qué quieres trabajar eso?".

Los diferentes niveles de competencia

En el nivel de principiante, el coach acepta lo que el cliente desea trabajar, de manera superficial. El cliente elige el tema y, sin demasiada exploración, el coach se aboca a buscar la solución. Por ejemplo, si el cliente dice que quiere trabajar para empezar a ir al gimnasio, el coach puede pasar a la acción y lo puede orientar para encontrar gimnasios cerca de su casa, preguntar qué cree que puede hacer para motivarse, y si quiere ir con alguien, para que lo apoye.

En cambio, en el nivel profesional, el coach se enfoca en lo que quiere trabajar el cliente, explora cómo va a medir el éxito de la sesión y qué temas pueden estar encubiertos en el desafío que se presenta. Un coach profesional sabe que debe explorar lo que trae el cliente y que no puede pasar a definir actividades posibles para alcanzar las metas sin entender su motivación y creencias limitantes. Por ejemplo, en el caso de la persona que quiere ir al gimnasio, el coach le puede preguntar para qué quiere ir al gimnasio, qué beneficios le va a traer, qué significa para él hacer ejercicio, qué obstáculos puede encontrar para tomar acción o, simplemente, cómo se va a sentir si empieza o retoma sus clases de gimnasia.

Los indicadores de esta competencia a nivel Profesional (PCC), para la ICF, son los siguientes:

- El coach colabora con cada cliente para identificar o reafirmar lo que cada cliente quiere lograr en la sesión.
- El coach colabora con cada cliente para definir o reafirmar las medidas de éxito respecto de lo que cada cliente quiere lograr en la sesión.
- El coach indaga o explora lo que es importante o significativo para cada cliente respecto de lo que quiere lograr en la sesión.
- El coach colabora con cada cliente para definir lo que ambos creen que necesitan abordar para lograr lo que se quiere conseguir en la sesión.[8]

8 Ver apéndice o https://coachingfederation.org/pcc-markers

En el nivel de máster, el coach explora en su totalidad lo que el cliente espera de la sesión. Obtiene una idea clara sobre qué es lo que será de valor para él durante el encuentro e indaga a fondo, para asegurarse de que exista una visión clara sobre su propósito. También establece cómo va a medir el éxito. El coach chequea regularmente, para saber si la dirección de la sesión continúa sirviendo al propósito del cliente, y cambia el curso, de ser necesario, usando para esto el feedback que recibe. En el ejemplo del gimnasio, el master coach va a explorar el tema en su totalidad, buscando claridad sobre lo que está oculto a primera vista. El master coach puede preguntar "¿Cómo cambiará tu vida el hecho de ir al gimnasio?".

Un coach no demuestra esta competencia si elige el tema de Coaching para el cliente, si determina la agenda, o si orienta el Coaching hacia un tema que el cliente no eligió. Tampoco demuestra competencia cuando no explora con el cliente cómo va a medir el éxito de cada sesión, o no comprueba en la mitad de la sesión si logró avanzar hacia los objetivos que se habían marcado al principio.

Capítulo 4

Cultiva Confianza y Seguridad

Esta competencia alude a la habilidad del coach para crear un espacio de seguridad con su cliente. Su importancia radica en que, cuando el cliente se siente seguro y respetado, logra comprometerse con su proceso de Coaching y se presta a hablar abiertamente sobre cualquier inquietud, sin la preocupación de ser juzgado. Esta comodidad lo ayuda a tener la tranquilidad de que su coach lo escuchará, lo apoyará y lo aceptará, y procurará acompañarlo sin hacerle daño. Todos estos son factores fundamentales para establecer la relación de Coaching.

Definición

El coach:
Colabora con cada cliente para crear un ambiente que le dé apoyo y seguridad, y que le permita compartir libremente. Mantiene una relación de respeto y confianza mutuos.

La competencia que desarrollamos –Cultiva Confianza y Seguridad– es agrupada en la categoría Co-crear la

Relación junto con otras dos –Establece y Mantiene Acuerdos, y Mantiene Presencia– y tiene un íntimo vínculo con ambas.

Según la ICF, para demostrar esta competencia, el coach:

1. Busca entender a cada cliente dentro de su contexto, lo que puede incluir su identidad, su ambiente, sus experiencias, sus valores y sus creencias.
2. Demuestra respeto por la identidad de cada cliente, sus percepciones, estilo y lenguaje, y adapta su Coaching a cada cliente.
3. Reconoce y respeta los talentos, los entendimientos y el trabajo únicos de cada cliente en el proceso de Coaching.
4. Demuestra apoyo, empatía y preocupación por cada cliente.
5. Reconoce y apoya la expresión de sentimientos, percepciones, preocupaciones, creencias y sugerencias de cada cliente.
6. Demuestra apertura y transparencia como una manera de presentarse con vulnerabilidad y forjar una relación de confianza con cada cliente.[9]

El valor de la confianza

La confianza es imprescindible para la relación de Coaching. Se crea en un espacio donde el coach se compromete con el cliente y con el proceso, deja de lado sus juicios sobre el cliente y lo entiende como alguien "entero y completo". Como resultado, el cliente se siente comprendido y seguro para compartir cualquier pensamiento, sin temor a ser rechazado. Se crea así un vínculo empático.

9 Ver apéndice o https://coachingfederation.org/core-competencies

A partir del descubrimiento de lo que se conoce como Sistema de Neuronas Espejo (SNE), pudieron ser comprendidos varios aspectos de la empatía. Las neuronas espejo son las que permiten corporizar tanto las acciones como las sensaciones y las emociones de los demás, es decir, permiten hacerlas propias a través de la mimetización y del contagio social. Este tipo específico de neurona facilita el hecho de ponerse en el lugar del otro, e incluso anticiparse, deducir las intenciones ajenas antes de que se conviertan en acciones, con tal de que sean representadas mentalmente. Por ejemplo, si vemos a alguien llorar, las neuronas espejo pueden hacernos llorar, lo que equivale a decir que experimentamos una sensación similar a la del otro (Rizzolatti, G. y Sinigaglia, C., 2006).

El filósofo alemán Martín Heidegger sostiene en *Ser y tiempo* (1927), que la única certeza que tiene el ser humano es la de su finitud, o sea, la de su muerte. No sabe cuándo ni cómo terminará su vida, pero cuando nace ya es lo suficientemente viejo como para morir. Frente a la incertidumbre y al reconocimiento de la gran vulnerabilidad que amenaza nuestra existencia, la confianza cumple un papel esencial. Cuando hay confianza, nos sentimos más seguros, más protegidos, menos frágiles. Cuando no la hay, las amenazas parecen aumentar. Tenemos la sensación de que corremos peligro, y de que estamos expuestos a mayores riesgos. Aumenta el temor, que es una señal de alerta, un aviso de un posible riesgo frente al cual podría estar en juego nuestra integridad.

Solomon y Flores (2001) sostienen que confiar "es algo que hacemos, que creamos, que construimos, mantenemos y sostenemos con nuestras promesas, compromisos, emociones y nuestro sentido de integridad. [...] Confianza es una opción, una decisión".

La confianza empieza con una evaluación, un juicio. Confianza crea confianza. Si tenemos un juicio positivo sobre el cliente y el proceso, y confiamos en nosotros mismos, generamos confianza en el cliente, y esto es lo que le permite planificar e implementar todas las acciones necesarias para alcanzar sus metas. Es una decisión que el coach toma no solo sobre lo que tiene que hacer, sino también sobre quién decide ser. Esta elección del coach sobre su propio ser es la que genera un espacio de seguridad. Cuando el coach elige ser seguro, generoso y amable, transmite tranquilidad.

En *Siete hábitos de personas altamente efectivas* (1989), Stephen Covey sostiene que "la confianza es el nivel más alto de motivación humana. Atrae lo mejor de la gente, pero lleva tiempo y paciencia". En su metáfora de "cuenta de banco emocional", explica que lo que permite aumentar la cuenta de confianza son los actos de cortesía, de honestidad, de bondad y de compromiso. Covey identifica varias maneras de aumentar los depósitos de confianza. Por ejemplo, demostrando comprensión, manteniendo los compromisos, clarificando expectativas, demostrando integridad y disculpándose genuinamente cuando se comete un error. Todas estas prácticas se aplican al trabajo del coach.

En *La velocidad de la confianza* (2007), Stephen Covey identifica cuatro elementos clave para el desarrollo de la confianza, que se pueden aplicar a las Competencias de Coaching.

- Integridad
- Intención
- Capacidades
- Resultados

– El primer elemento –la *integridad*– está relacionado con la consistencia entre lo que decimos y lo que hacemos, y con la manera en que somos percibidos por los otros. Si, por ejemplo, como coaches, somos impuntuales al comenzar las sesiones, si le decimos al cliente que vamos a enviarle un documento y no lo hacemos, o si no hacemos cualquier otra cosa que habíamos asegurado que íbamos a hacer, estamos rompiendo un compromiso contraído y restamos depósitos del banco emocional de confianza.

Cuidar este aspecto de la relación coach/cliente es esencialmente importante, ya que define el futuro del vínculo profesional. La falta de confianza y la percepción de falta de integridad del coach pueden tener como consecuencia que el cliente decida abandonar el proceso.

Una imagen que nos puede ayudar a comprender más en profundidad el concepto de integridad es la de la rueda de cuatro rayos de un carro. Cada rayo representa la integridad que le permite a la rueda girar y mantener la carga. Si se rompe uno, la rueda no girará en forma apropiada. Cuando se haya destruido el resto de los rayos, el carro volcará y se estropeará la carga. En el caso del proceso de Coaching, al romperse la integridad, lo que se deteriora es la confianza.

– El segundo elemento es la *intención*. ¿Somos efectivos para clarificar nuestras intenciones? ¿Hasta qué punto somos claros para definir expectativas con nuestros clientes? Este punto está íntimamente ligado con el Acuerdo de Coaching, ya que, cuando el coach es claro al definir expectativas, el cliente se siente más seguro, sabe qué esperar, y la ansiedad ante lo desconocido disminuye.
– El tercer elemento es la *capacidad*, que incluye el conocimiento, las habilidades, las destrezas, el talento y el estilo personal. Si el coach tiene estas cualidades, es percibido como creíble. La obtención de las credenciales de Coaching y la educación continua implican credibilidad. Por ejemplo, la ICF les exige

a sus coaches acreditados capacitarse con 40 horas de educación continua para renovar sus credenciales cada tres años. De esta manera, los clientes actuales o potenciales se aseguran de que su coach actualiza sus conocimientos permanentemente. La ICF también impulsa a los coaches a trabajar con un supervisor, para reflexionar sobre su trabajo, explorar dilemas éticos y recibir apoyo emocional cuando sea necesario.

– El cuarto elemento son los *resultados.* Cuando un coach trabaja con clientes que obtienen resultados, se genera confianza en el proceso. En particular, los testimonios de éxito de los clientes pueden aumentar las posibilidades de contratación del coach, cuando se suman al entrenamiento apropiado y a las acreditaciones pertinentes.

En *La empresa emergente* (2000), Rafael Echeverría plantea que la confianza tiene una doble cara, una doble dimensión y una doble posibilidad de ser abordada. Por un lado, es un juicio, y por el otro, es una emoción. Por ejemplo, cuando digo que Juan es confiable, ese es el juicio, la creencia, la opinión que tengo acerca de quién es Juan. Puede ser un juicio fundado, si tengo pruebas de lo que estoy diciendo, o infundado, ya que me pude haber dejado influenciar por lo que otros me dijeron acerca de Juan. Este juicio va a influir no solo en mi relación con Juan, sino que también afectará su imagen frente a los que me escuchen, aspecto que no tiene que ver realmente con quién es Juan, ya que los juicios no son ni verdaderos ni falsos. El problema aparece cuando nos confundimos y pensamos que tenemos certeza sobre quién es Juan.

Por otro lado, la confianza es una emoción. Por ejemplo, cuando digo "Juan es confiable", me siento tranquilo y relajado frente a él. En cambio, si pienso que "Juan no es confiable", mi estado emocional varía y me siento incómodo. Esto puede traer como resultado que me cierre, que me ponga a la defensiva, al sentir que tengo que tomar precauciones.

En la relación de Coaching, si el coach no confía en el cliente y/o el cliente no confía en el coach, estos sentimientos y juicios van a tener consecuencias no deseadas. Ambos aspectos de la confianza –juicio y emoción– están siempre presentes y generan acciones específicas. A su vez, las acciones generan juicios, y tales juicios generarán sentimientos de confianza o de desconfianza, que a su vez producirán nuevas acciones. Ambas definen nuestra relación con el futuro y con el mundo, con las personas y con nosotros mismos. Así, la confianza y la acción se retroalimentan mutuamente. La confianza impulsa a actuar y la acción hará crecer o disminuir la confianza que los otros –y uno mismo– tengan sobre su desempeño.

Frente a diferentes situaciones, podemos adoptar una actitud de ingenuidad, apostando a confiar sin medir los riesgos, o adoptar una actitud opuesta, de desconfianza permanente, que nos puede llevar a bloquearnos, a paralizarnos o a tomar actitudes que solo conduzcan a la conservación, a la protección, dirigidas a incrementar la seguridad y a reducir la vulnerabilidad.

Muchas veces, esta actitud de desconfianza conduce a que hagamos nosotros las cosas, que nos cueste delegar. La prudencia se podría situar entre ambas y es una actitud que permite evaluar mejor los riesgos.

La confianza conduce a acciones transformadoras, de innovación, de invención. Sustenta todas las acciones creativas y es fundamental en la creación artística, en los descubrimientos científicos y en las invenciones tecnológicas. Si tengo confianza, me atrevo a lanzarme a lo desconocido. Es el elemento fundamental del espíritu emprendedor.

En las situaciones de Coaching, se puede dar por descontada la confianza y creer que existe, que el cliente se ha abierto con nosotros, y sin embargo, puede que esté contando una parte de la historia, no siendo vulnerable. El coach necesita prestar atención y no dar por sentado que existe confianza y seguridad. Es apropiado llevar el tema a conversación y explorar qué necesita el cliente para confiar en el coach, en sí mismo o en el proceso.

El desafío más grande para crear confianza es el que se enfrenta cuando se recibe a clientes que son derivados por sus jefes o por otras personas, quizás sin estar interesados o sin entender qué es exactamente el Coaching. Cuando las organizaciones envían a sus empleados a recibir Coaching sin una explicación clara, o como una forma de "castigo" o de "remedio" para una situación conflictiva, es posible que el cliente sea defensivo y no confíe en el coach o en el proceso de Coaching. A través de explicaciones acerca de lo que es el Coaching, del rol del coach, de cómo puede obtener beneficios de los conocimientos, las habilidades y la experiencia del coach, el cliente puede llegar a valorar el proceso y a comprometerse a trabajar en las áreas que identifique como apropiadas para el Coaching. También ayuda a crear confianza el entendimiento de qué es la confidencialidad y cómo funciona.

Cuando la confianza no se genera, por temas o variables que van más allá del control del coach, es importante que este decida si va a seguir trabajando con la persona o no. Si considera que el cliente no está preparado para iniciar el proceso, es primordial que pueda tener una conversación con él o con el patrocinador, para identificar otros caminos que reemplacen al Coaching. Puede ser que el cliente necesite entrenamiento o consultoría, en vez de Coaching.

Si la confianza puede definirse como un compromiso, ¿cuál es el nivel de compromiso del cliente con su proceso de Coaching? Quizás el cliente esté comprometido con su crecimiento profesional, pero no necesariamente con la recomendación de un familiar o de su jefe para iniciar el proceso. En organizaciones donde el coach es contratado y no elegido por el cliente, el desarrollo de la confianza implica un paso importante, que no se puede dar por sentado. ¿Cómo hará entonces el coach para crear esa confianza en el cliente? Algunas de las estrategias que puede desarrollar cuando trabaja en organizaciones tienen que ver con demostrar interés genuino por la persona, no solo como trabajador de la compañía, sino también como ser humano con preocupaciones y necesidades que van más allá de lo laboral.

La primera conversación es muy importante en este proceso. El coach debe explicar con claridad qué se puede esperar del Coaching, la metodología, hablar sobre la confidencialidad y otros temas que permiten llevar adelante un proceso transparente. Si durante el establecimiento del Acuerdo de Coaching el cliente tiene una experiencia positiva con su coach, en la que siente que es entendido y respetado, es más probable que se disponga positivamente para trabajar durante el proceso y para tomar el riesgo de abrirse y compartir sus experiencias personales.

La confianza, en el proceso de Coaching, implica tres aspectos:

- Confianza en sí mismo.
- Confianza en el cliente.
- Confianza en el proceso de Coaching.

Confianza en sí mismo

El coach profesional sabe que tiene el entrenamiento y la experiencia adecuados para trabajar de manera efectiva. Eso no quiere decir que todas sus sesiones sean perfectas o que no necesite explorar su trabajo con un supervisor. El coach está comprometido con estar al servicio del cliente y abraza tanto sus fortalezas como sus oportunidades de mejora. La experiencia ayuda a desarrollar esa confianza. Es normal que al principio de su formación el coach no se sienta seguro; sin embargo, en la medida en que recibe retroalimentación y la integra a su trabajo, va desarrollando sus competencias de Coaching y su confianza en sí mismo. En *Mentor Coaching en Acción* (2016), explicamos cómo el recibir feedback apropiadamente refuerza esta confianza.

Cuando hay confianza en sí, el coach está ciento por ciento disponible para su cliente, su energía está puesta en el proceso y no está pensando en su desempeño, en si está haciendo o no un buen trabajo, o en qué indicadores de Coaching está demostrando.

Confianza en el cliente

El coach busca entender a cada cliente dentro de su contexto, lo que puede incluir su identidad, su ambiente, sus experiencias, sus valores y sus creencias.

En *Co-active Coaching* (1998), Laura Whitworth y sus colaboradores consideran que los clientes tienen las respuestas a sus inquietudes, o que pueden encontrarlas. El trabajo del coach no es "arreglar" algo, sino hacer preguntas e invitar al autodescubrimiento. Los clientes deben ser considerados creativos, capaces de encontrar los recursos y las respuestas que necesitan. El trabajo del coach es ser un "curioso" enfocado en la agenda del cliente, no un experto. Esta curiosidad está dirigida a incrementar la conciencia del cliente sobre su inquietud. La indagación no está dirigida a satisfacer la curiosidad del coach, sino que está al servicio del cliente.

Confianza en el proceso de Coaching

El proceso de Coaching, a partir de la indagación y la exploración, va a producir resultados al ritmo que imponga el cliente. El coach tiene la seguridad de que el proceso funciona y de que, independientemente de la dirección que tenga la sesión, el cliente se va a llevar algo de valor como resultado de la conversación. La creación de conciencia puede suceder durante las sesiones de Coaching o entre ellas, y los resultados no se pueden medir necesariamente al final de cada sesión.

La confianza en el proceso también se desarrolla con la experiencia. En la medida en que los clientes producen una transformación personal y resultados para sus vidas, los coaches entienden que, si bien el proceso tiene subidas y bajadas, al final hay un enriquecimiento en la vida del cliente.

Estrategias para desarrollar Confianza

Las siguientes estrategias favorecen el desarrollo de la Confianza en la sesión de Coaching:

- Demostrar comprensión durante el Acuerdo de Coaching. Cuando el cliente se siente comprendido, confía en su coach y en el proceso.
- Reconocer y validar lo que le pasa al cliente, sin juzgarlo. Por ejemplo, decir: “Es difícil afrontar los desafíos que presenta tener que trabajar en tu casa con los niños estudiando a tu lado”.
- Invitar al cliente a expresarse libremente y mantener el silencio cuando es apropiado, como manera de demostrar apoyo. Por ejemplo, preguntar: “¿Qué más te gustaría decir sobre esta inquietud?”.
- Cuando sea apropiado, ofrecer ejemplos de situaciones que validen o normalicen la experiencia del cliente.
- Hacer preguntas que demuestren interés por el cliente. Al comienzo de la sesión preguntarle cómo llegó y si necesita algo antes de comenzar, algún ejercicio de respiración o movimiento corporal. Si llegó con alguna situación angustiante, preguntarle si quiere trabajar sobre ese aspecto. No pasar a otro tema como si no hubiera comentado nada. Aclararle dudas.

- Cuando el coach vaya a hacer preguntas que puedan resultar incómodas por su profundidad, es importante que pida permiso, para asegurarse de que el cliente se siente preparado para explorar esa inquietud, y ofrecer la posibilidad de elegir si se va a explorar un tema que requiere vulnerabilidad, o no.

Ejemplos
Cómo generar Confianza en las sesiones de Coaching

Sesión con Analía

(07:54) **Lo que estoy escuchando es que estás hablando de involucrarte más, si es necesario, y poder, juntas, diseñar lo que es necesario para el futuro. La pregunta que tengo para hacerte es en relación con tu liderazgo. ¿Quién querés ser como líder con ella? Yo creo que ya empezaste a contestarla, pero si tuvieras que completar la oración diciendo: "Como líder quiero ser..." ¿Cómo completarías la oración?**

(08:38) Pues, quiero ser un espacio de creación colaborativa, quiero ser responsable de mi contribución en los resultados. Quiero ser una escucha que empodere y una presencia de... cómo te diré, que posibilite, no que estorbe. Me gustaría ser con ella, en particular, una líder clara. ¿Sabes qué estoy descubriendo mientras te lo digo? Creo que tengo como una especie de viaje de culpa con ella. Estoy descubriendo que ella me ha dado tanto esfuerzo, contribución, me ha dado más de lo que le he pedido a lo largo de quince años, así que todo el tiempo siento como una deuda en particular con ella. Entonces, a lo mejor no he podido manejar claramente la conversación de "tú a tú", porque hay como una culpa que me da, una especie de sensación de deuda, porque "me has dado demasiado, ¿cómo te pago?". Entonces, a lo mejor, lo que hay dentro de mí es una especie de ganas de protegerla. Entonces, quisiera no hacer eso. ¿Y cómo me gustaría ser con ella? Libre. Para que vuelva a estar alegre la cosa, porque no está alegre. Está pesada la relación, está cargada. Bien poderoso esto de encontrar que tengo como ese adeudo.

Análisis

En este ejemplo, el coach invita a la clienta a expresarse cuando le pide que complete la oración: "Como líder quiero ser…". Cuando el coach invita a su cliente a continuar expresando sus ideas, está demostrando interés y dándole valor a lo que tiene para compartir. Si el cliente percibe al coach como un profesional genuinamente interesado en sus inquietudes y en su persona, y se siente valorado y respetado, desarrolla confianza.

Sesión con Analía

(20:32) **Quiero reconocerte por tu vulnerabilidad y disposición a explorar y clarificar tu liderazgo. ¿Cómo querés terminar la sesión, Analía?**

Análisis

En este comentario, el coach reconoce el trabajo de la clienta al final de la sesión. Siguiendo los lineamientos de la ICF, es importante que el coach busque oportunidades para reconocer el trabajo que la clienta hizo entre sesiones o al final de cada sesión.

Sesión con Alejandra

(04:26) **Cuando decís "completar", la palabra con la que yo asocio es "duelo".**

(04:38) Por ahí, sí, y por ahí, a ver… puede ser la palabra "duelo". Yo, lo que estoy… a mí lo que me llega es que me descubro en estos días mirando los lugares y recordando lo vivido en cada lugar, y por otra parte, cuando salgo a la calle y mi marido me dice "¿querés que vayamos un rato a buscar alguna casa que nos guste?", siempre tengo una excusa. Me pregunto a mí misma y digo: "Evidentemente, no estoy buscando con ansia de disfrutar". Por otro lado, me encuentro acá, mirando, recordando momentos muy lindos, y como despidiéndome de la casa.

(05:34) **Cuando hablo de duelo, hablo de eso, de despedirte, a eso me refería.**

(05:39) Sí.

(05:41) **Fijate que vos, al principio, no te identificaste con esa palabra.**

(05:48) No... porque claro, es la primera vez que me pasa con una casa.

(05:53) **Pero también es la primera vez, en treinta y dos años, que te vas a mudar.**

Análisis

En esta sesión, en que se trata el tema de la mudanza de una casa muy querida por la clienta, el coach demuestra empatía con el duelo que vive Alejandra y, de esta manera, despierta Confianza, porque habilita las creencias de la clienta acerca de equiparar la mudanza con la pérdida de un ser querido. El coach, al demostrar que entiende lo que le está pasando a la clienta y validarlo, genera un clima de confianza.

Sesión con Fabiana

(04:00) **La pandemia nos atraviesa a todos de diferentes maneras, quizás también ahí haya algo para explorar, qué es lo que está pasando en el sistema, en la sociedad por, en este caso, la pandemia, cómo te está afectando...**

(04:31) Mirá, dijiste dos cosas. Algo súper importante y es que ayer me di cuenta, reflexionando y preparándome para esta sesión, y pensando mis temas, que yo hasta ahora he vivido la pandemia como si estuviera fuera de mí. Yo puedo manejar mi vida, puedo hacer mis proyectos, me encierro, voy para adelante. Me autoencerré, que fue una manera de preservarme y de sacar adelante lo mío. Pero también estaba reflexionando que esto que vos decís me atraviesa a mí, yo soy parte de esta quietud que trae la pandemia, también me está pasando a mí. Me he vuelto más conservadora en este año. Más hacia adentro, más mi casa, más la calma, más la preservación. Y creo que por donde quisiera explorar es que esta preservación no me limite a lo nuevo, que no me bloquee. Yo siento que ahora estoy más paralizada y quiero volver a moverme hacia afuera, a lo mejor con otro ritmo como vos lo decís, pero me está atravesando. Ahora, hay decisiones que están esperando por mí: cómo me muevo, cómo encuentro ese ritmo medio, ese punto medio.

Análisis

Al iniciar su intervención diciendo "la pandemia nos atraviesa a todos de diferentes maneras, quizás también ahí haya algo para explorar, qué es lo que está pasando en el sistema, en la sociedad…", el coach se muestra tan vulnerable como la clienta frente a una situación de la que nadie escapa. Llevar esto a la conversación de Coaching y normalizarlo hace que el coach logre empatía y, por consiguiente, confianza.

Los diferentes niveles de competencia

La ICF entiende que el coach principiante sigue la agenda del cliente, pero suele estar obsesionado con su propio rendimiento, por lo cual no alcanza un nivel alto de autoconfianza y se puede producir un clima de inseguridad durante la sesión.

Como profesional, el coach es capaz de tener confianza en el cliente y lograr conexión con él. Se preocupa aún por ofrecer una imagen de "buen coach", por lo que puede llegar a asumir menos riesgos. Pero hay mayor autoconfianza, confianza en el cliente y en el proceso.

Los indicadores de la confianza a nivel Profesional (PCC), para la ICF, son:

1. El coach reconoce y respeta los talentos, los descubrimientos y el trabajo únicos de cada cliente en el proceso de Coaching.
2. El coach demuestra apoyo, empatía y preocupación por cada cliente.
3. El coach reconoce y apoya la expresión de sentimientos, percepciones, preocupaciones, creencias o sugerencias de cada cliente.
4. El coach colabora con cada cliente invitándolo a responder de cualquier manera a sus contribuciones y acepta su respuesta.[10]

En el nivel de máster, el coach desea alcanzar la confianza total mediante un estado mutuo de conciencia que solo puede surgir en el momento de la conversación y a través de ella. Se siente cómodo no sabiendo, y reconoce este estado como uno de los mejores para expandir la conciencia. El coach desea ser vulnerable con el cliente y consigue que el cliente sea vulnerable con él. Como ya explicamos, el master coach confía en sí mismo, en el proceso y en el cliente como colaborador completo en la relación. Hay fluidez y naturalidad totales en la conversación. El coach no necesita esforzarse para hacer su trabajo y demuestra un gran nivel de serenidad.

No se demuestra esta competencia –Confianza– si el coach tiene más interés en su propia visión de la situación que en la visión del cliente, si no intenta obtener información del cliente sobre sus perspectivas y sus objetivos relacionados con la situación, si su atención parece centrarse más en su propio rendimiento o en demostrar conocimiento sobre el tema. Igualmente, si no invita al cliente a compartir sus ideas sobre una base de igualdad, y/o si elige el enfoque y las herramientas de la sesión sin contar con la opinión ni la aprobación del cliente.

10 Ver apéndice o https://coachingfederation.org/pcc-markers

Capítulo 5

Mantiene Presencia

En este capítulo analizaremos otra de las competencias de la ICF que permite establecer las bases para la co-creación de la relación entre el coach y su cliente.

Definición

El coach:
Entiende y aplica constantemente la ética de Coaching y los estándares de Coaching.

Según la ICF, para demostrar esta competencia, el coach:

1. Se mantiene enfocado, atento, empático y receptivo con cada cliente.
2. Demuestra curiosidad durante el proceso de Coaching.
3. Maneja las propias emociones para estar presente con cada cliente.
4. Demuestra confianza en trabajar con emociones fuertes de cada cliente durante el proceso de Coaching.

5. Se siente cómodo trabajando en un espacio de no saber.
6. Crea o deja un espacio para el silencio, la pausa o la reflexión.[11]

La característica fundamental enunciada en la definición de esta competencia indica que el coach tiene que poseer la capacidad de estar "plenamente consciente". Esto implica enfocarse en el *aquí y ahora,* limitando el diálogo interno y evitando los pensamientos que remitan al pasado o al futuro.

El segundo elemento de la definición pone énfasis en la relación. En la capacidad de acompañar al cliente hacia cualquier lugar al que desee ir, hacia rumbos que pueden ser desconocidos, tanto para el coach como para el cliente. Utilizar un estilo abierto, flexible, bien fundado y seguro implica que el coach tenga la capacidad de adaptarse rápidamente a diferentes escenarios propuestos por el cliente, apartándose, cada vez que sea necesario, de sus propios métodos, hipótesis e interpretaciones. Esto está vinculado con la seguridad del coach en sí y en el proceso, y con la certeza de que lo que va a suceder es lo mejor para el cliente.

Tener una actitud "abierta" significa que el coach está dispuesto a explorar temas desconocidos, que está cómodo con estar incómodo y no saber. El coach entiende que el proceso muchas veces no es lineal y está dispuesto a acompañar a su cliente hacia espacios desconocidos para los dos. Esta es una diferencia importante con el consultor, ya que el coach es un experto en el proceso *co-creativo* de Coaching, pero no necesariamente en los temas que trae el cliente. Por lo tanto, el coach no tiene que tener una respuesta concreta para todas las inquietudes que se presentan durante la sesión, sino que tiene que estar abierto a explorarlas junto

11 Ver apéndice o https://coachingfederation.org/core-competencies

a su cliente, para encontrar nuevas posibilidades, que hasta ese momento no estaban disponibles.

Cada una de las ocho competencias clave de la ICF se puede asociar a una imagen o a una palabra. Cuando, como mentor coaches, les explicamos a los coaches profesionales la *Presencia* que estamos formando, la asociamos con un baile. Cuando hay Presencia, lo que se percibe es como si ambas partes danzaran en sintonía y armonía, conectadas en una burbuja. Hay clara conexión, entendimiento y fluidez. En cambio, cuando hay "forcejeo", pareciera que el coach y su cliente van en direcciones contrarias. Lo que se observa es falta de fluidez, conexión y, por lo tanto, desaparece la Presencia en la conversación. Consideramos el baile como una buena metáfora, una imagen apropiada que nos puede ayudar a reconocer si se está demostrando Presencia en la sesión de Coaching.

Ejercicio

Le sugerimos que haga una pausa y realice un ejercicio que le permitirá aumentar su nivel de Presencia. Después de que lea este párrafo, cierre los ojos, inhale por la nariz y exhale por la boca lentamente, prestando atención solo a su respiración. Repita esto tres veces. Abra los ojos y concéntrese en percibir cómo se siente. ¿Qué sucede en su cuerpo? ¿En su mente? ¿Cómo se siente?

El objetivo del ejercicio es traerlo al *presente* a través de la respiración. Este ejercicio es utilizado por un alto porcentaje de coaches antes de iniciar una sesión, para desconectarse de lo que estaban haciendo previamente. Al tomar conciencia de nuestro cuerpo y de nuestra respiración, logramos *traernos al presente*, y esto conduce al mejor enfoque sobre situaciones que requieren concentración. Cuando el trabajo es virtual, esto es muy útil, porque muchas veces no hay suficiente tiempo para recargar baterías entre reuniones.

Esta técnica también se puede aplicar con los clientes al inicio de las sesiones. Siempre después de preguntarles si desean hacer el ejercicio, se los invita a respirar hondo, concentrarse en su respiración y dejar ir otros pensamientos o preocupaciones, con la idea de que estén totalmente *presentes*. Los clientes valoran esta actividad como una oportunidad para desligarse de los quehaceres diarios y crear un espacio de exploración y trabajo enfocado en las inquietudes específicas que se llevan a la sesión de Coaching.

En una historia relatada en su libro *El poder del ahora* (2009), Eckhart Tolle hace referencia a la importancia del concepto de *mindfulness*, que puede traducirse como "atención plena", y explica cómo podemos dejar ir pensamientos que no nos permiten estar *presentes* en lo que ocurre en nuestra vida. Cuenta la historia de que, en un monasterio, un maestro zen puso a prueba a sus discípulos caminando por detrás de ellos y asustándolos. Los que estaban *presentes* percibieron lo que sucedía a su alrededor y no reaccionaron, ya que se dieron cuenta de la presencia de otras personas. En cambio, los que estaban distraídos, sumidos en sus pensamientos, se asustaron, porque no se dieron cuenta de lo que estaba sucediendo en el entorno.

A través de la red profesional Linkedin, hicimos, entre colegas coaches, una encuesta en la que preguntamos:

"Según la ICF, la Presencia es una de las competencias clave en la sesión de Coaching. ¿Cómo cree que el coach puede demostrarla?".

Las siguientes son algunas de las respuestas:

- "El coach demuestra su Presencia escuchando de manera activa y convalidando lo que trae el cliente, sin 'comprarse el cuento', desafiando su zona de comodidad. Es importante el desafío de salir de la zona de comodidad y escuchar atentamente".

- "Escuchando al 200%. Haciendo sentir al cliente que no hay nada más importante que él y su situación. Es fundamental estar completamente disponibles para nuestros clientes".
- "Es el acompasamiento y la empatía que permiten mostrarle al cliente compromiso con el proceso de aprendizaje que está realizando".
- "La Presencia se puede lograr con la escucha y con preguntas. Mostrando que estamos en el *aquí y ahora* en todo momento. La Presencia del coach determina el vínculo que se pueda construir".
- "Presencia es estar en el *aquí y ahora,* con mi conversación interna, mis emociones y mi corporalidad enfocadas en el cliente. Es dejar ir los pensamientos que pueda tener, que estén interrumpiendo el enfoque y disminuyendo el nivel de Presencia".
- "Presencia es estar conectado con mi cliente a través de todos mis sentidos. Con el cuerpo, el alma, la mente y el corazón. Con todo lo que soy. Buscando comprender desde dónde habla. Ser capaz de sentir lo que siente, siendo consciente de lo que sucede en mí, para poder neutralizar cualquier intento de introducir mi agenda en su proceso".

Las puertas de la Presencia

En *Coaching basado en la Presencia,* Doug Silsbee (2008), destaca que "la capacidad de estar *presente* es una experiencia de un estado interno que se puede desarrollar". Sostiene que hay tres puertas para la presencia: el cuerpo, la mente (lo que pensamos, aquello en lo que nos enfocamos) y el corazón, con sus emociones.

Según Silsbee, estar *presentes* nos permite ser más efectivos en nuestra vida, más creativos, poder lidiar con los desafíos en forma más efectiva, tener mayor agilidad para responder y demostrar mayor autenticidad. Cuando estamos presentes, tenemos más recursos para enfrentar las circunstancias de la vida. Esta posibilidad está disponible en todo momento. Solo tenemos que darnos cuenta de que podemos acceder a ella.

Demostrar presencia significa estar conscientes del ambiente que nos rodea, listos para enfrentarnos a cualquier cuestión que pueda aparecer, y utilizar los recursos internos para hacerlo. Significa escuchar profundamente y estar dispuestos a ir más allá de nuestras propias ideas preconcebidas, para dar sentido a la realidad.

Silsbee define la presencia como un estado de conciencia caracterizado por ser una experiencia de completa entrega. Cuando estamos presentes no estamos controlando el reloj. Hay una conexión con la persona. La presencia nos despierta. Nos permite lidiar con el estrés. Cuando estamos presentes, nuestro diálogo interno disminuye.

Los esafíos para la Presencia

Para estar presentes frente a nuestros clientes, se debe lidiar con varios desafíos. Tenemos al cliente delante de nosotros, pero en lugar de escucharlo plenamente estamos más atentos a nuestra voz interna que a la persona que tenemos enfrente. Estos pensamientos pueden ser reflexiones sobre lo que creemos que puede estar pasando con el cliente, soluciones que puedan favorecerlo o, simplemente, nuestras reacciones emocionales a lo que dice. También puede ser que nuestros pensamientos estén enfocados en cuestiones exteriores a la sesión de Coaching como, por ejemplo, problemas personales con seres queridos, de salud, pérdidas o inquietudes de otros clientes.

¿Se trata de querer "quedar bien" o de hacer un "buen trabajo"? Puede suceder que el hecho de ser evaluados por los otros interfiera con el trabajo que tenemos que hacer con nuestro cliente. La preocupación por "quedar bien" o que al cliente le agraden nuestras intervenciones puede restar Presencia y autenticidad. Según nuestra experiencia al brindar orientación y feedback a coaches en entrenamiento, la preocupación por hacer un buen trabajo es un factor que aparece a menudo entre los que disminuyen el nivel de Presencia. El miedo a no ser efectivo, a no ser un buen coach, o a ser juzgado negativamente por el mentor coach o por colegas, reduce el nivel de presencia. Es por eso que Presencia y Confianza van de la mano. Cuando el coach no tiene confianza en sí mismo, en el cliente y en el proceso, pierde presencia, porque está más preocupado por su efectividad, por demostrar las competencias siguiendo los lineamientos de la ICF, por hacer un "buen trabajo" y por "quedar bien", en vez de enfocarse ciento por ciento en su cliente.

El contexto. Las agendas, temas o cuestiones organizacionales y sociales

En la relación de Coaching puede haber factores externos contextuales que se interpongan y le quiten *presencia* al coach. Por ejemplo, un colega nos deriva a un cliente y estamos preocupados por lo que esa persona puede pensar acerca de nuestro desempeño. O la preocupación por lo que el jefe del cliente con el que estamos trabajando pueda pensar acerca de lo que hagamos. Más aún si el jefe es la persona que nos contrató y está esperando resultados de su empleado. Esto equivale a decir que cierta información que tengamos acerca del cliente al que le damos Coaching y del contexto organizacional en el que participa puede distraernos de estar totalmente *presentes* frente a él.

Lo que esté pasando social, económica y políticamente también influencia nuestras interacciones. Por ejemplo, el COVID-19, la inestabilidad política, las crisis económicas son fuentes poderosas de preocupación y distracción.

Para lidiar con estos desafíos, la clave está en percibir, distinguir o tomar conciencia de nuestros pensamientos, y una vez que los identifiquemos, detener el diálogo interno, dejarlo de lado y enfocar nuestra energía en el cliente. Pero, para poder detener el diálogo interno, primero tenemos que reconocerlo porque, hasta que no lo hagamos, no podremos cambiarlo por otro más productivo. Darnos cuenta de que no estamos presentes es una puerta para comenzar a estarlo. Prestar atención a nuestro cuerpo y a nuestra respiración nos devuelve al *presente*.

Ejercicio

Compartimos un ejercicio muy interesante del libro de Silsbee:

"Fije su vista en un objeto en particular y sostenga la mirada durante un minuto. Luego, cierre los ojos y visualice ese objeto. Finalmente, abra los ojos y vuelva a mirar el mismo objeto como si nunca lo hubiese visto. Haga el ejercicio antes de seguir leyendo.

¿De qué se da cuenta al ver el objeto como si fuera la primera vez? ¿Qué cosas ve del objeto al observarlo como si fuera la primera vez? ¿Qué cosas distingue del objeto al mirarlo como si fuera la primera vez?".

Esta práctica es una forma de alcanzar presencia, puesto que prestamos atención a lo que tenemos enfrente y omitimos nuestras ideas previas. El ejercicio es muy poderoso para identificar cómo escuchamos a nuestros clientes. ¿Qué pasaría si los escucháramos como si no supiésemos nada de ellos? ¿Como si fuese la primera vez que los escuchamos y dejáramos ir nuestros juicios e interpretaciones basados en experiencias previas?

La intuición en la conversación de Coaching

El uso de la intuición es muy importante en el trabajo del coach. Pero ¿qué significa esto? Significa que el coach puede interpretar información que no está directamente relacionada con lo que expresó verbalmente el cliente, sino que se vincula con aquello que no dijo, con el tono de lo que dijo, con el lenguaje corporal y otras señales energéticas que hacen que el coach advierta algo sin tener información concreta y precisa. La intuición es una manera de saber algo sin saber cómo lo sabemos. A veces no está guiada por lo que el cliente dijo, sino, tal vez, por lo que no dijo. Un silencio puede estar brindando información, tal vez, porque conocemos el pasado del cliente y lo asociamos con algo que acaba de suceder. Esa información intuitiva puede ayudarnos a hacer preguntas que abran nuevas posibilidades. Es lo que llamamos "corazonadas".

Un coach con experiencia no teme seguir sus corazonadas. No tiene miedo de equivocarse, ni de hacer preguntas que puedan poner incómodo al cliente, siempre y cuando el cliente esté dispuesto a ir en esa dirección. Con respeto, el coach puede invitar a su cliente a ir a lugares que nunca haya explorado, pero siempre con su consentimiento y aprobación. El coach experimentado está abierto a correr riesgos y a "saber que no sabe".

El coach que es efectivo al demostrar su presencia no necesita facilitar un proceso en el que todas las preguntas y comentarios sean perfectos, porque sabe que el proceso de aprendizaje sucede también entre las sesiones.

Una preocupación compartida por todos los coaches está relacionada con qué va a hacer nuestro cliente con lo que aprendió como resultado de la sesión. Pero, si bien la implementación de las acciones acordadas en la sesión es importante, focalizarnos solo en ellas es permanecer en un nivel superficial. El objetivo del coach profesional es profundizar y ver *quién* es el cliente en esa situación particular, qué más puede haber en esa situación, aparte de lo hablado y, como resultado, convertirse en un nuevo observador de esa situación, considerar nuevas perspectivas.

El coach profesional es el que ayuda al cliente a descubrir nuevas posibilidades. No se limita solo a una acción o a un tema específico, sino que implementa diferentes formas de trabajar durante la sesión, abriendo nuevas opciones de aprendizaje, de acuerdo con lo que el cliente trae. El coach conoce distintas herramientas y formas de trabajar, y puede decidir en cada momento cuál es la más adecuada. Por ejemplo, puede proponer ejercicios de respiración o de disociación, visualizaciones, uso de metáforas, etcétera.

Un coach que está realmente presente puede usar el humor para desdramatizar y generar energía. Cuando hay presencia, en las sesiones de Coaching se oyen risas, ay humor, y el cliente logra concluir su trabajo con mayor liviandad.

La presencia del coach, así como la confianza –competencia presentada en el capítulo anterior– están íntimamente relacionadas. Cuando hay presencia, el cliente siente completa confianza en el coach, y esto lo predispone a abrirse y a compartir emociones. El coach no se siente preocupado, aturdido ni estresado por las emociones del cliente. Está dispuesto a abrazarlas, a reconocerlas y a invitarlo a expresarlas, de manera de explorarlas para saber de dónde vienen; para luego dejarlas ir, en particular, cuando son emociones perturbadoras.

Si durante una sesión el cliente se dio cuenta de algo y al crear conciencia llora, hay que reconocer lo que está sintiendo, estar presente en ese dolor y después explorar lo que el cliente quiere hacer con esa emoción. Hay que dejar espacio para eso. El silencio del coach puede ser de mucha ayuda en este proceso. Cuando las emociones son muy fuertes y se detecta depresión, hay que derivar al cliente a otro profesional, porque es posible que esté necesitando algo más que un proceso de Coaching. Esto se relaciona con el tema ético de las derivaciones. Lo importante es que el coach reconozca las emociones, las trabaje, que esté presente en lo que el cliente esté sintiendo en ese momento y no se asuste. Es fundamental que tenga también conciencia de sus limitaciones y que pueda declararse incompetente para trabajar con determinadas problemáticas de los clientes.

La presencia es una de las competencias más importantes para ser efectivos como coaches. Cada coach debe pensar con seriedad qué necesita para estar más presente en las sesiones y llevar la inquietud a Supervisión cuando lo considere apropiado, en particular, si algún tema le resulta desafiante para trabajar, por sentirse identificado con el cliente.

Ejercicio

Determine cuáles de los siguientes temas son apropiados para explorar junto a un cliente durante un proceso de Coaching:

- Ser más efectivo al organizar actividades.
- Tener claros los objetivos profesionales.
- Mejorar la relación con su jefe, porque siente que no lo entiende.
- Mejorar la relación con su equipo de trabajo.
- Decidir si separarse o no de su esposa.
- Bajar de peso.
- Mejorar la relación con su madre, con quien no habla desde hace dos años.
- Evitar ideas suicidas.
- Poder dormir por las noches.
- Recuperar la energía al no sentir ganas de hacer nada.
- Resolver problemas de alcoholismo.

Ejemplo de *Presencia* en una sesión de Coaching

Sesión con Fabiana

(09:00) **También, lo que estoy escuchando –decime si lo ves también– es que una voz te dice "no puedo tener en mi casa siete gatos", pero otra voz te dice "soy feliz con mis siete gatos en casa".**

(09:20) Soy muy feliz...

(09:25) **Es como si una parte tuya dijera "no podemos tener siete gatos en la casa", y hay otra que te dice "ah, me encantaría poder tenerlos acá". ¿Puede ser algo así?**

(09:36) Totalmente... porque yo siento que he llegado a mi punto de felicidad extrema con ellos. No tengo ningún problema en criarlos, cuidarlos, tenerlos. Mi esposo me ha amenazado con que... "Bueno, ¿cuándo se van?" Y después, yo digo, si alguien viene de visita, ¿cómo le explico que tengo siete gatos? Pero yo en el día a día estoy súper feliz. Es eso... Creo que diste en el clavo. Emocionalmente, estoy súper feliz con mi presente. Me llena. Y creo que para mí es mi punto máximo de felicidad, pero también, quizás, tengo que abrirme, dejar que entren otras cosas. No sé qué hacer.

Análisis

Durante esta conversación de Coaching, cuando el coach dice "es como si una parte tuya dijera 'no podemos tener siete gatos en la casa', y hay otra que te dice 'ah, me encantaría poder tenerlos acá'", demuestra presencia, porque a través de su curiosidad y de su nivel de atención le propone a la clienta un lugar por donde encarar la exploración de sus voces internas. Mantener un alto grado de concentración hace que el coach logre convertir en voces internas algunos de los elementos que Fabiana había mencionado. Esto habilita una mejor exploración, y hace que el coach y su clienta puedan danzar en armonía hasta el final de la sesión.

En esta parte de la sesión, el coach demuestra también empatía, porque la clienta se siente "totalmente" entendida por el coach.

Sesión con Alejandra

(13:50) **En términos de la casa, ¿qué es lo que realmente representa para vos tu casa?**

(Alejandra se seca algunas lágrimas y hace silencio).

(14:04) Esperá que pueda hablar… (*Está muy emocionada*). Creo que representa muchas cosas. Representa que nosotros nos vinimos acá cuando mi hija todavía no caminaba. Entonces, representa todo el tránsito con ella. También representa su adultez, porque hace cinco años se fue de esta casa. Entonces, cuando se fue a vivir a otro lugar… también fue eso, verla adulta, verla autosuficiente. Representa, también, con mi marido, tener una convivencia que ha sido, y sigue siendo, muy linda en estos años. Entonces, pasaron muchas cosas en la pareja, la búsqueda del hijo, muchas cosas, y sin embargo, en la pareja siempre sentimos, o por lo menos siento yo, esto, que nos queremos, que estamos consolidados. Esta pandemia, por ejemplo, nos trajo muy lindos resultados al estar conviviendo más, porque él trajo su oficina acá. Entonces, representa muchas cosas, yo te diría que representa amor y representa logros. Cosas muy lindas vivimos aquí con nuestros hermanos, con nuestras familias…

(*Silencio*).

(17:46) **¿Qué es lo que vas a dejar en la casa y qué es lo que te vas a llevar?**

(Silencio).

(17:54) Creo que lo que voy a dejar va a tener que ver con una elección de lo más importante, porque nos vamos a ir a una casa más pequeña. Pero, al mismo tiempo, si me fijo en lo que dejo…

Análisis

En este fragmento de la conversación de Coaching con Alejandra, el coach demuestra su Presencia a través de dos elementos clave. El primero es que al preguntar "¿[…] qué es lo que realmente representa para vos tu casa?", demuestra curiosidad, entendimiento de lo que se está explorando hasta ese momento. El segundo elemento que permite constatar la presencia del coach está relacionado con el respeto por las lágrimas y el silencio de su clienta: "Esperá que pueda hablar..." –dice Alejandra, que está muy emocionada; y continúa–: "Creo que representa muchas cosas. Representa que nosotros nos vinimos acá cuando mi hija todavía no caminaba". Este acompañamiento de la emoción habilita silencios que, como siempre les decimos a quienes se forman con nosotros en el Goldvarg Consulting Group, le permiten al coach reflexionar sobre lo que no se está diciendo y, a partir de esa reflexión, elaborar preguntas que conduzcan a la mejor exploración del tema y construyan ese clima de danza armónica que tiene que ser la conversación de Coaching. El coach demuestra sentirse cómodo con la expresión emocional de su clienta y mantiene silencio, para que ella pueda tomarse el tiempo para procesar lo que haya descubierto durante la sesión.

Los diferentes niveles de competencia

El coach principiante sigue la agenda del cliente, pero está muy enfocado en su propio rendimiento, y esto atenúa su presencia. A menudo, sustituye la presencia y la receptividad por el razonamiento y el análisis.

En cambio, el coach profesional sigue la agenda del cliente y responde a la información que se relaciona tanto con acciones para lograr el éxito, como con su manera de pensar, de ser y de crear. En este nivel, el coach no dirige la conversación ni elige las herramientas. Debe demostrar un buen grado de conexión con el cliente, y por esta razón, este no solo tiene voz para elegir los temas que se discutirán, sino también los métodos y las maneras de llevar adelante el proceso.

El coach no demuestra la necesidad de dirigirse a la solución y se limita a vivir el *aquí y ahora* con el cliente, dejando que él elija la manera de avanzar. Existe colaboración, pero el coach, en algunas oportunidades, todavía puede llegar a considerarse experto.

Los indicadores de la Presencia a nivel Profesional (PCC), para la ICF, son:[12]

1. El coach actúa en respuesta a toda la persona de cada cliente (el *quién*).
2. El coach actúa en respuesta a lo que cada cliente quiere lograr en la sesión (el *qué*).
3. El coach colabora apoyándolo a elegir lo que va a ocurrir en la sesión.
4. El coach demuestra curiosidad por aprender más sobre cada cliente.
5. El coach crea silencio o deja espacio para la pausa o la reflexión.

El master coach es un observador totalmente conectado con el cliente. La conexión abarca su identidad, su forma de aprender y lo que el cliente tiene para enseñarle. Es sensible al cliente, lo invita a compartir sus ideas sobre una base de igualdad, demuestra una curiosidad total sin necesidad de destacarse, entabla una conversación plena y confía en el valor inherente del proceso, en lugar de sentir la necesidad de crear valor.

Un coach no demuestra esta competencia si tiene más interés por su propia visión de la situación que por profundizar en la visión del cliente, si no intenta obtener información del cliente sobre su visión de la situación, si es indiferente a esta información, si la atención se centra en su propio rendimiento, o en enseñar o demostrar conocimiento sobre la materia, o incluso si confía demasiado en una fórmula concreta de Coaching, en una herramienta o en preguntas estándar.

---

12 Ver apéndice o https://coachingfederation.org/pcc-markers

COMUNICAR CON EFECTIVIDAD

Abarca las competencias
Escucha Activamente y Evoca Conciencia

Capítulo 6

Escucha Activamente

Definición

El coach:
Se enfoca en lo que cada cliente está y no está diciendo para comprender plenamente lo que se está comunicando en el contexto de los sistemas de cada cliente, y para apoyar la autoexpresión de cada cliente.

De acuerdo con esta definición, para escuchar activamente es requisito indispensable estar *presente,* no solo frente al cliente sino también frente a los sistemas de los que forma parte.

Como ya explicamos, todas las competencias están relacionadas entre sí. Estar *presente* significa silenciar la voz interior para estar totalmente concentrado en lo que dice el cliente y en lo que no dice, y permitir crear un espacio para que pueda expresarse libremente, sin preocuparse por los juicios del coach.

La definición anterior contiene tres aspectos:

- La capacidad de "escuchar" más allá de lo que pone en palabras el cliente, prestando atención a los aspectos no verbales, cambios de energía, creencias limitantes y/o sus cegueras cognitivas (lo que no sabe que sabe y lo que no sabe que no sabe).
- La adopción de un enfoque sistémico, prestando atención al contexto.
- La facilitación de la autoexpresión del cliente, desde la co-creación de confianza y de la presencia. Esto incluye la capacidad de sentirse cómodo con el silencio e interrumpir solamente si es necesario.

Según la ICF, para demostrar esta competencia –Escucha Activamente–, el coach:

1. Considera el contexto, la identidad, el ambiente, las experiencias, los valores y las creencias de cada cliente para potenciar el entendimiento de lo que cada cliente está comunicando.
2. Refleja o resume lo que cada cliente comunicó para garantizar claridad y comprensión.
3. Reconoce y pregunta cuando hay más de lo que cada cliente está comunicando.
4. Nota, reconoce y explora las emociones de cada cliente, los cambios de energía, las señales no verbales u otros comportamientos.
5. Integra las palabras, el tono de voz y el lenguaje corporal de cada cliente para determinar el significado completo de lo que está siendo comunicado.
6. Nota tendencias en comportamientos y emociones de cada cliente a lo largo de las sesiones para discernir temas y patrones.[13]

---

13 Ver apéndice o https://coachingfederation.org/core-competencies

El coach. Análisis de cada habilidad

1. Considera el contexto, la identidad, el ambiente, las experiencias, los valores y las creencias de cada cliente para potenciar el entendimiento de lo que este está comunicando.
   Queda pues destacada la postura sistémica que adopta la ICF, al considerar el contexto del cliente. Se consideran su entorno familiar, laboral, social, su ambiente cultural y étnico, sus valores. Se toman en cuenta todos los grupos en los que el cliente participa y que afectan su identidad.
   Durante la conversación de Coaching es fundamental "escuchar" las preocupaciones, los objetivos, los valores y las creencias del cliente en relación con lo que es posible y lo que no lo es. Del mismo modo, es esencial prestar atención a las creencias limitantes, a los pensamientos que el cliente tiene sobre lo que es posible en su vida y, si es apropiado, desafiar esas afirmaciones, siempre que se haga con respeto y después de solicitar permiso. Por ejemplo, el coach puede preguntar, "¿Me das permiso para que desafíe algo que acabas de decir?". Cuando el coach "escucha" que el cliente cree que no tiene posibilidades para actuar en un área importante de su vida, puede ser útil que explore el costo de estas creencias limitantes. En algunas oportunidades, también puede ser valioso explorar los beneficios ocultos de esos pensamientos.
   Durante nuestra experiencia profesional, una clienta planteó como objetivo cambiar su mirada hacia el jefe. Quería verlo de manera positiva. Relató que en el pasado había sido maltratada por sus jefes, y habló sobre su visión negativa en relación con la posibilidad de establecer un nuevo vínculo

con su jefe y sobre su falta de confianza en él. A través de la indagación y frente a la pregunta "¿Qué beneficio te puede traer pensar de esa manera?", respondió que su visión negativa le servía para protegerse, para que no volviera a sucederle lo que le había sucedido con jefes del pasado, que le habían dejado un mal recuerdo.

Cuando se presenta un caso así, por lo general, lo que está siendo develado es que existen conversaciones internas que cierran la posibilidad de confiar o pensar en forma positiva, o de tomar acciones que permitan alcanzar los objetivos personales o profesionales.

2. Refleja o resume lo que cada cliente comunicó, para garantizar claridad y comprensión.

   Esta estrategia permite asegurar que el coach entiende lo que está diciendo el cliente. Si "uno dice lo que dice y el otro escucha lo que escucha", la única manera de saber que entendimos lo que nos dijeron, o que entendieron lo que dijimos, es constatando la comprensión, que nunca conviene dar por sentada. En la medida en que nos cercioramos de la comprensión y las interpretaciones compartidas, creamos un espacio de comunicación sin "ruidos" o malos entendidos. Resumir y sintetizar son técnicas que le permiten al cliente clarificar e integrar lo que se haya discutido. El parafraseo del coach le permite reflexionar, al escuchar lo que acaba de decir de la boca de otra persona. Cuando el coach actúa como espejo del cliente, puede abrirle espacios interpretativos que antes no estaban presentes. Al resumir y comprender la esencia de lo que articula el cliente, se lo ayuda a clarificar y ordenar sus pensamientos.

Las historias largas y excesivamente descriptivas pueden descarrilar la conversación. Aunque por lo general no conviene interrumpir al cliente, a veces es necesario hacerlo. Por ejemplo, cuando "se va por las ramas" o incluye detalles innecesarios como una manera inconsciente de evitar explorar cuestiones que le resultan difíciles o incómodas. En estas circunstancias, el coach puede interrumpir y pedirle que haga un resumen de su historia y, a continuación, conviene hacer una pregunta exploratoria. También se puede preguntar qué relación tiene lo que está expresando o contando con el objetivo que trajo a la sesión.

El coach parafrasea para espejar al cliente y no como muletilla que oculta el hecho de no saber qué otra cosa decir. Durante los entrenamientos de nuestra certificación de Coaching, o en los procesos de Mentor Coaching, muchas veces escuchamos a los participantes repetir lo que acaba de expresar el compañero que hace las veces de cliente, no necesariamente para beneficiarlo, sino porque no sabe qué preguntar o cómo seguir.

Para mayor información acerca de mejores prácticas para resumir el entendimiento del cliente, invitamos a consultar *Mentor Coaching en Acción* (2016), de nuestra autoría.

3. Reconoce y pregunta cuando percibe que hay más de lo que cada cliente está comunicando.
   Se trata de escuchar con curiosidad no solo lo que el cliente dice sino lo que se puede leer entre líneas, lo que no fue expresado.

Sesión con Diego

(23:14) **Además del control, ¿puede ser que haya alguna otra cosa?**

(23:20) Además del control... por lo menos no identifico aún. Puede que sí, pero no la tengo identificada...

(Silencio).

No sé.

(23:37) **Si supieras, no estarías acá, en Coaching. Para eso es el Coaching, para ver lo que no tenemos identificado. A ver, ¿qué más puede haber ahí? Tomate un minuto, pensá un poco más. Tomate tu tiempo.**

(*Silencio*).

(24:07) Tal vez... puede ser... y me genera que se entrecorte mi voz, sentir la necesidad de ser necesitado... o atendido. Como necesidad de atención. Y eso sí. Puede ser eso. Ahí está, hay mucha, tal vez, necesidad inconsciente de atención. Tal vez, inclusive, de mí mismo, y claramente de los que me rodean, a los que les ocupo el tiempo de una forma no tan sana. Tal vez, necesidad de mayor atención. Y al decirlo me siento como livianito, como si... más livianito... al identificar que tal vez es esa necesidad de atención, de querer ser atendido, de querer estar ahí, es una cadena hacia lo que venimos conversando. Siento una necesidad de atención que hace que ocupe el tiempo, que no permita que tenga una quietud, y por ende, ocupo espacios vacíos y espacios de tiempo que no me permiten tener un buen descanso... ¡Brutal!

Análisis

En este ejemplo, el coach invita al cliente a profundizar la inquietud que trae, al preguntarle "¿Puede ser que haya alguna otra cosa?". Como resultado, el cliente se da cuenta de que hay algo de lo que no estaba consciente y que lo lleva a no manejar su agenda efectivamente.

La atención que debe brindar el coach tiene que ser de alta calidad y requiere concentración. Debe respetar las prioridades del cliente, que es quien "va al volante" de la conversación. El coach puede sentirse tentado de aportar sus propias opiniones o juicios, pero tiene que detenerse y no hacerlo. Es importante que sea consciente de lo que dice y hace, que sea cuidadoso de no imponer sus perspectivas, y que presente sus ideas como posibles interpretaciones de lo escuchado, sobre todo cuando intuye que detrás de lo que el cliente está diciendo puede haber otros aspectos que no logra reconocer como propios (lo que *no sabe que no sabe*) y que el coach puede ayudar a desentrañar y descubrir.

El coach puede tener sus propias ideas sobre la mejor solución para la inquietud que presenta el cliente, pero su trabajo es que el cliente encuentre esas soluciones por sí solo, sin que se le ofrezcan opiniones o juicios.

En caso de que el coach decida compartir algunas de sus ideas, especialmente si es un experto en el tema que se toca, si está familiarizado con mejores prácticas o conoce recursos que le pueden ser de utilidad al cliente, es necesario que lo haga después de que el cliente explore sus creencias y posibles alternativas de acción. El coach puede brindar algunas sugerencias, pero necesita hacerlo sin apego y sin expectativas de que el cliente se comprometa a implementar las estrategias ofrecidas.

El coach también puede escuchar intuitivamente y compartir hipótesis que le permitan al cliente ser un *nuevo observador* de su inquietud.

Sesión con Alejandra

(04:26) **Cuando decís completar, la palabra con la que yo asocio es "duelo".**

(04:38) Por ahí, sí, y por ahí, a ver... puede ser la palabra "duelo". Yo, lo que estoy... a mí lo que me llega es que me descubro en estos días mirando los lugares y recordando lo vivido en cada lugar, y por otra parte, cuando salgo a la calle y mi marido me dice "¿Querés que vayamos un rato a buscar alguna casa que nos guste?", siempre tengo una excusa. Me pregunto a mí misma y digo: "Evidentemente, no estoy buscando con ansia de disfrutar". Por otro lado, me encuentro acá, mirando, recordando momentos muy lindos, y como despidiéndome de la casa.

(05:34) **Cuando hablo de duelo, hablo de eso, de despedirte, a eso me refería.**

(05:39) Sí.

(05:41) **Fijate que vos, al principio, no te identificaste con esa palabra.**

(05:48) No... porque claro, es la primera vez que me pasa con una casa.

(05:53) **Pero también es la primera vez, en treinta y dos años, que te vas a mudar.**

Análisis

En este ejemplo, el coach explora el duelo, una distinción que va más allá de lo que trae la clienta a la sesión. Al principio, la clienta no se identifica con ese proceso; pero después se da cuenta de que está lidiando con una pérdida, y normaliza su experiencia de tristeza por esa pérdida que implica dejar una casa en la que vivió momentos tan importantes de su vida.

---

4. El coach nota, reconoce y explora las emociones de cada cliente, los cambios de energía, las señales no verbales u otros comportamientos.
   El coach estimula, acepta, explora y refuerza la expresión de los sentimientos, las percepciones, las preocupaciones y las creencias del cliente. Favorece así su expresión. Se nos educa desde ni-

ños para que "domestiquemos" la expresión de nuestras ideas, para no incomodar a los otros y "encajar" en nuestro medio. El costo puede ser inhibir la autoexpresión espontánea que tienen los niños, que no temen decir lo que piensan, porque no les temen a los juicios de los otros. En este sentido, el coach, a través de su escucha activa y generosa, facilita a sus clientes expresarse honestamente, genuinamente, y sin temor de ser juzgados de manera negativa. En una sesión de Super-visión, el coach trae, para explorar con su supervisor, una situación que le produce un dilema ético. Un cliente que acordó desarrollar sus habilidades de liderazgo le comentó a su coach que le habían diagnosticado cáncer y que necesitaba hablar sobre lo que le estaba pasando y lo que sentía. El coach le preguntó qué necesitaba de él, de qué manera podía ayudarlo, y el cliente le dijo que necesitaba que alguien lo escuchara, porque no podía hablar con su familia, a la que tenía que apoyar y con la que tenía que disimular sus emociones. El coach lo escuchó durante una hora y el cliente se fue muy aliviado. El coach quería validar que lo que había hecho era lo apropiado, y se dio cuenta de que sí, lo era. El cliente estaba recibiendo terapia, y en este caso, la actitud del coach fue de gran apertura y comprensión.

No creemos que cada sesión requiera elaborar un plan de acción. En el caso que compartimos, el cliente solo quería ser escuchado, y el coach reconoció la necesidad del cliente, y se adaptó a ella.

El siguiente diálogo es claro con respecto a la facilitación de la autoexpresión de las emociones:

Sesión con Alejandra

(13:50) **En términos de la casa, ¿qué es lo que realmente representa para vos tu casa?**

(*Se seca algunas lágrimas y hace silencio*).

(14:04) Esperá que pueda hablar...

(*Está muy emocionada.*)

Creo que representa muchas cosas. Representa que nosotros nos vinimos acá cuando mi hija todavía no caminaba. Entonces, representa todo el tránsito con ella. También representa su adultez, porque hace cinco años se fue de esta casa. Entonces, cuando se fue a vivir a otro lugar... también fue eso, verla adulta, verla autosuficiente. Representa, también, con mi marido, tener una convivencia que ha sido, y sigue siendo, muy linda en estos años. Entonces, pasaron muchas cosas en la pareja, la búsqueda del hijo, muchas cosas, y sin embargo, en la pareja siempre sentimos, o por lo menos siento yo, esto, que nos queremos, que estamos consolidados.

[...]

(17:46) **¿Qué es lo que vas a dejar en la casa y qué es lo que te vas a llevar?**

(*Silencio*).

(17:54) Creo que lo que voy a dejar va a tener que ver con una elección de lo más importante, porque nos vamos a ir a una casa más pequeña. Pero, al mismo tiempo, si me fijo en lo que dejo... Por ejemplo, hay muchas cosas de mi hija que todavía están acá. Eso va a desaparecer de por sí. Entonces, creo que lo que nos vamos a llevar es lo más importante desde el punto de vista –digamos– de muebles y de cosas así, pero creo que lo más importante que nos vamos a llevar es a nosotros mismos: el apoyo, el amor, el saber que no importa el lugar sino que estemos juntos. Y creo que mi esposo también vive el desafío de esta forma, porque yo lo he observado estos días y él también es como que estuviera mirando la casa con más tiempo, y mirando una habitación u otra. Entonces, creo que es un proceso que estamos viviendo juntos, y eso también me lo llevo. Me llevo este proceso vivido con él.

Análisis

Lo que observamos en este caso es que el coach no se asusta ante la expresión de las emociones de la clienta. En el fragmento del diálogo se muestra también cómo se produce la toma de conciencia y el cambio de observador durante la sesión, aparte de cómo se invita a la clienta a expresarse sin limitaciones, a dejar que fluyan las emociones. También se aprecia la importancia del silencio para que pueda reflexionar y tomarse su tiempo para compartir lo que estaba pensando.

En el curso de una sesión de Mentor Coaching, un coach presentó el caso de un cliente que llegó a una sesión angustiado por la situación de la pandemia, durante la que repentinamente había tenido que pasar a convivir con cuatro sobrinos que estaban de visita y no podían volver a sus países de origen. El coach, que era principiante, ignoró esta situación y siguió preguntando lo aprendido para completar el Acuerdo. El cliente se puso a llorar y el mentor tuvo que interrumpir la sesión. Este es un ejemplo opuesto al anterior. Habría correspondido que se profundizara en lo vinculado a la pandemia y que el coach intentara explorar la angustia que traía su cliente, en vez de enfocarse en demostrar que cumplía con los marcadores de Coaching para nivel de PCC de la ICF.

5. Integra las palabras, el tono de voz y el lenguaje corporal de cada cliente, para determinar el significado completo de lo que está siendo comunicado.
   En algunas ocasiones, el cliente puede expresar que algo no lo enoja y, sin embargo, decirlo con tono de enojo. Es apropiado hacerle estas mar-

caciones. El coach puede plantear: “Dices que no estás enojado, pero tu tono de voz suena a enojo. ¿Qué crees al respecto?”.

A veces, el lenguaje corporal puede estar diciendo muchas cosas; sin embargo, no les otorgaremos un significado sin antes haberlas constatado con el cliente.

En estos casos, puede decirse, por ejemplo, “Se te ve rígido, no tan relajado como de costumbre. ¿Crees que tu cuerpo te está diciendo algo? ¿Qué crees que te está diciendo tu cuerpo sobre este tema? Cambió tu voz cuando hablaste de tu amiga. ¿Qué emociones te trae hablar de ella?”.

Estas preguntas permiten explorar el lenguaje corporal y crear conciencia en el cliente sobre las diferencias entre su lenguaje corporal y su lenguaje verbal.

Muchas veces, los clientes no tienen registro de su corporalidad y marcarles estos aspectos les permite integrarla de manera efectiva.

También es importante poder comentar los cambios de energía en una sesión cuando, por ejemplo, el cliente comienza a expresarse con un tono muy jocoso y a un ritmo acelerado, con mucha risa, o al tratar un tema en especial aparece un cambio en el tono, que se vuelve más bajo, y en el ritmo, que se hace más lento y pausado y tiende a la tristeza, o a la inversa, cuando un darse cuenta de algo que estaba bloqueado produce asombro, alegría y ganas de accionar.

Un estudio de Mehrabian y Morton (1967) hace referencia a la importancia de la comunicación no verbal, y destaca que los componentes para interpretar la comunicación siguen la regla 55-38-7, que se expresa de la siguiente manera:

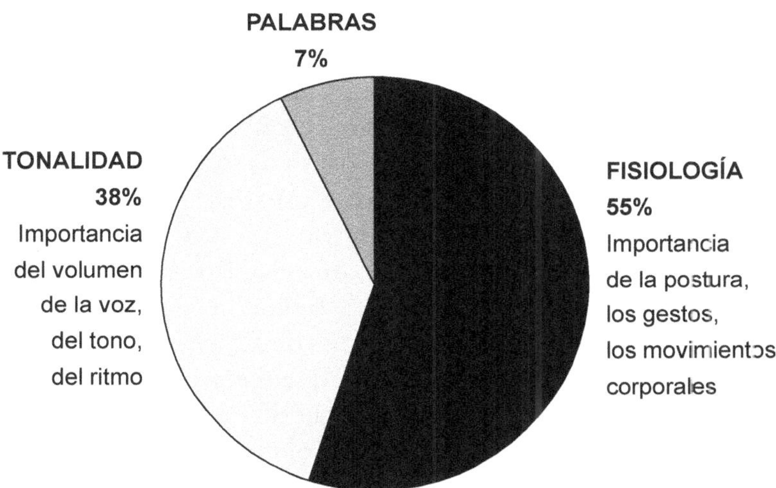

6. Nota tendencias en comportamientos y emociones de cada cliente a lo largo de las sesiones, para discernir temas y patrones.
   Esto puede apreciarse observando que se presentan cambios de tema repetidos cuando durante el proceso de Coaching se acerca el momento de abordar un asunto profundo o difícil; por ejemplo, si un cliente repite el mismo tema en diferentes sesiones. También pueden ser detectados cuando aparece una risa nerviosa frente a determinadas situaciones; por ejemplo, cuando a través de esa risa es evadido el reconocimiento de una situación dolorosa.
   Otros puntos para tener en cuenta son la repetición de un patrón histórico del rol; por ejemplo, vivir como vivió el padre, la anulación o impuntualidad reiterada en las sesiones de Coaching, la falta de pago de las sesiones o las interrupciones repetidas (como sucede, en ocasiones, mediante el uso del celular).

Aportes del Coaching Ontológico

El coach no solo *oye* sino que *escucha.* Oír y escuchar son fenómenos diferentes. El hecho de oír está vinculado al aspecto fisiológico del sentido auditivo. Puedo oír sin escuchar, sin darle un sentido a lo que estoy oyendo. Sin embargo, el coach presta atención no solo a lo que se dice, sino a cómo se dice, a qué hay en el contexto. En *Actos del lenguaje* (Volumen I, *La escucha*, 2008), Echeverría explica que escuchar es percibir más interpretar; es decir, percibir con todos los sentidos e interpretar, o sea, darle sentido, significado, a lo que oímos, como consecuencia de entender no solo las palabras expresadas sino también el contexto.

Toda interpretación se realiza desde nuestra historia personal y en ella hay prejuicios, supuestos, modalidades de valoración, preconceptos. Toda interpretación es relativa. No describe los hechos, sino que les da un sentido que siempre es subjetivo y pasible de ser corregido. Está compuesta de juicios que, como tales, no son verdaderos ni falsos, pero sí pueden ser verificados o no verificados. El problema surge cuando tomamos nuestras interpretaciones como "verdad", y ocurren discusiones por determinar quién tiene razón.

El coach tiene que prestar mucha atención a sus interpretaciones y ser muy cauteloso al compartirlas con el cliente. Puede ofrecer interpretaciones como hipótesis, pero es mucho más útil para el cliente llegar por su cuenta a nuevas interpretaciones de la realidad.

Echeverría sostiene que el escuchar confiere sentido al hablar y dirige el proceso de la comunicación. Por lo tanto, escuchar no es una actividad pasiva, como muchas veces se cree.

Existe una brecha entre decir y escuchar. Decimos lo que decimos y los demás escuchan lo que escuchan. Cada uno interpreta lo que escucha a su manera, con sus propios filtros y esa es la base de muchos malentendidos. Por ese motivo, verificar el sentido de lo que acabamos de escuchar es imprescindible en el proceso de Coaching.

De acuerdo con Echeverría, disponemos de tres herramientas para acortar esa distancia:

1. Verificar la escucha. Parafrasear lo que dijo el cliente, con las propias palabras, o sintetizar lo que se entendió.
2. Compartir inquietudes. Se trata de escuchar algo que no se encuentra en lo que el cliente dice, sino detrás de lo que dice, algo que no fue expresado. El coach interviene para destrabar al cliente y permitirle hacerse cargo de inquietudes sobre las que se siente bloqueado.
3. Indagar, para afinar, corregir y completar lo que escuchamos. Escuchar es abrirse al otro. Lo esencial de la escucha es la apertura. Sin esta clase de apertura mutua no pueden existir relaciones humanas genuinas. Pero la apertura nunca es completa. Indagar permite entender las creencias del cliente y asegurarnos de que estamos interpretando de la manera esperada lo que nos están diciendo. La escucha se basa en la valoración del otro. Quien no se siente escuchado tampoco se siente valorado.

Es importante que el coach sea consciente de los “filtros” que se activan en él al escuchar a sus clientes. Nos referimos a las ideas preconcebidas que tenemos sobre diferentes aspectos de la realidad, que nos pueden hacer creer que lo que entendemos acerca de un concepto es lo mismo que entienden los demás.

Ser conscientes –y reconocer que el sentido que les damos a las palabras y a los conceptos es resultado de nuestra historia– nos permite registrar que existe la posibilidad de que los significados que el coach y el cliente dan a una misma situación sean diferentes. Es por esta razón que la única manera de entender el significado que el cliente le da a un concepto es preguntando, por ejemplo, "Cuando dices que hacer esto es difícil, ¿qué te hace pensar que es difícil? ¿Qué quiere decir difícil, para ti?".

Cada concepto puede tener diferentes significados e interpretaciones, de acuerdo con nuestra cultura, nuestras experiencias pasadas y nuestras creencias, por lo cual es necesario clarificar de qué estamos hablando y qué nos está diciendo nuestro cliente. Por ejemplo, si el cliente dice "Hoy quiero trabajar en ser más organizado en mi trabajo", un coach efectivo pregunta: "¿Qué quiere decir organizado para ti? ¿A qué te refieres cuando dices organizado?".

En los talleres de formación de coaches hacemos un ejercicio: decimos una palabra y les pedimos a los participantes que visualicen la palabra que dijimos. Por ejemplo, decimos "gata" y cada uno ve a la gata que puede, como resultado de sus experiencias, de su educación y de otros factores. Al compartir las imágenes que aparecieron, algunas personas visualizan un gato siamés; otros, uno de angora; y a veces, alguno, visualiza a una prostituta fina (se las llama "gatos" en algunas culturas).

Cuando somos conscientes de nuestros filtros, trabajamos más efectivamente como coaches. La corriente de la Psicología Positiva se enfoca en los puntos fuertes y las habilidades de las personas y busca encontrarlos para trabajar con los clientes. En este caso, el filtro consiste en enfocarse en las virtudes y no en los defectos, y en cómo aprovecharlas para alcanzar mayores niveles de bienestar general.

Una metáfora que usamos para explicar los filtros en la escucha son los anteojos de sol. Si usamos anteojos azules, vemos todo azul, y si nos olvidamos de que tenemos los anteojos puestos creemos que todo es azul. Usamos esta metáfora tanto en los entrenamientos como con nuestros clientes de Coaching y de Supervisión.

Las competencias revisadas de la ICF prestan atención a los sistemas de los que son parte el coach y el cliente; al contexto, a que el coach “escuche” cómo la situación organizacional, social, económica y política afectan al cliente y a la sesión de Coaching.

Nuestra capacidad de escucha depende de nuestros filtros y también de nuestras distinciones, es decir, de aquello que podemos reconocer en el discurso de nuestros clientes. No podemos reconocer o escuchar lo que no distinguimos. Nuestra capacidad de distinguir depende de nuestro entrenamiento como coaches, de la formación teórico-práctica que recibimos y de nuestras experiencias profesionales.

En los casos que presentamos en los capítulos anteriores se ve claramente cómo el escuchar activamente se produce a lo largo de toda la sesión. Con la *presencia,* la confianza y la intimidad que se van construyendo se prepara el terreno para que el Preguntar Poderosamente, resultado de *escuchar activamente,* juegue su papel transformador en la toma de conciencia.

Escucha lineal y escucha no lineal

La *escucha lineal* consiste en prestar atención solo a lo último que dijo el cliente. La *escucha no lineal* incorpora lo aprendido del cliente durante toda la sesión y en sesiones anteriores. Es no lineal porque involucra conectar lo que acaba de decir el cliente con lo que haya dicho anteriormente.

Los siguientes son ejemplos de intervenciones del coach que reflejan su capacidad de escucha no lineal:

- “Al comienzo de la sesión hiciste referencia a tu nivel de exigencia. ¿Cómo se relaciona con lo que acabas de contar sobre tu dificultad de decirle a tu jefe que no pudiste terminar las planillas?”.

- "¿Cómo se relaciona lo que vimos en la sesión anterior sobre tu dificultad de postergar decisiones con lo que estás comentando de no comenzar el curso que quieres realizar?".
- "Tu objetivo en la sesión de hoy era obtener más claridad sobre una decisión que querías tomar. Ahora que estamos llegando al final de la sesión, ¿consideras que lo has logrado?".
- "En otras sesiones vimos la necesidad de ser aceptado y estar siempre dispuesto a todo lo que se te pide. ¿Cómo piensas que esta necesidad afecta lo que me cuentas sobre tu conflicto con tu equipo en este momento?"

Esta conexión también permite crear conciencia de patrones o repeticiones, y puede habilitar nuevos aprendizajes y comportamientos.

Los diferentes niveles de competencia

Un coach principiante escucha lo que dice el cliente y puede responder de forma obvia y superficial. Por lo general, se centra en saber "cuál es el problema", "cómo puedo ayudar a resolverlo" y "cómo aporto valor resolviéndolo". Se trata de una escucha en la que predomina la ansiedad. Hay apuro por "resolver el problema". No se les concede espacio a la reflexión ni a la expresión del cliente. No construye espacios de silencio.

El principiante se caracteriza por preguntar ni bien el cliente termina de hablar, sin contemplar la posibilidad de que el cliente pueda seguir expresándose. A veces, incluso, puede interrumpir o encimar una pregunta preparada durante el discurso del cliente. Suele preocuparse por sus propias intervenciones y por si va a recibir aceptación. Al preocuparse por ser efectivo, el principiante puede perder presencia.

Al no tener demasiada confianza en el proceso de Coaching, la escucha puede llevar al principiante a entrar en un ping-pong de preguntas y respuestas, y a preguntar solamente sobre lo último que dijo el cliente, lo que da como resultado una escucha lineal.

Un coach profesional escucha con un alto nivel de conciencia, centrándose en la agenda del cliente y cambiando de dirección en el caso de que el cliente lo haga, aunque el cambio de orientación no sea la mejor solución para el asunto tratado. El coach se centra en lo que dice y en lo que no dice el cliente.

Para la ICF, los indicadores de la escucha en un nivel profesional son los siguientes:

1. El coach personaliza preguntas y observaciones utilizando lo que aprendió sobre quién es cada cliente o sobre su situación.
2. El coach indaga o explora las palabras que usa cada cliente.
3. El coach indaga o explora las emociones de cada cliente.
4. El coach explora los cambios de energía de cada cliente, las señales no verbales u otros comportamientos.
5. El coach indaga o explora cómo cada cliente se percibe actualmente a sí mismo y cómo percibe su mundo.
6. El coach permite a cada cliente terminar de hablar sin interrumpir, a menos que haya un propósito de Coaching establecido para hacerlo.
7. El coach refleja o resume brevemente lo que cada cliente comunicó, para garantizar su claridad y comprensión.[14]

---

14 Ver apéndice o https://coachingfederation.org/pcc-markers

El coach escucha de manera no lineal y vincula varios temas surgidos durante la sesión. Co-crea la relación de Coaching preguntándole a su cliente por dónde quiere empezar a explorar y cómo le gustaría terminar la sesión. Concede espacio a la expresión del cliente, sin superponerse en sus intervenciones y respetando los silencios. Hace una pregunta a la vez. No interrumpe al cliente. Escucha desde una mayor *presencia* y con más confianza en sí mismo y en el proceso de Coaching, y por lo tanto, su escucha es más relajada. Está menos apurado por "resolver la situación" y más enfocado en los vínculos del cliente, o sea, en las interacciones y las vivencias que componen su sistema.

El master coach escucha a su cliente en niveles lógico, emocional y orgánico simultáneamente. Su escucha es lineal y no lineal, y sus respuestas demuestran que aprende rápidamente sobre su cliente en múltiples niveles. Reconoce tanto en sí mismo como en el cliente la capacidad energética intuitiva que se percibe cuando el cliente habla de cosas importantes, cuando experimenta un crecimiento y cuando encuentra mayor sensación de poder en sí mismo. Escucha su presente y su desarrollo futuro. Escucha al cliente en toda su grandeza y su talento, pero también percibe las creencias y los patrones que lo limitan.

En este nivel de Coaching, se adquiere la capacidad de escuchar de manera acumulativa, de una sesión a otra y en cada sesión. El master coach ejerce la escucha total a partir de una presencia relajada y una conciencia centrada en el *aquí y ahora* de la sesión. Hace pocas preguntas. En su sesión abundan los silencios reflexivos y valiosos que permiten "escuchar" más allá de las palabras del cliente, y posar el interés en sus emociones, en sus juicios, y en la energía que se genera y circula durante la sesión de Coaching.

A partir de la percepción de sus propias variaciones corporales y emocionales, el coach optimiza el uso de sí mismo como herramienta, le muestra a su cliente lo que le provoca el tema sobre el que se está conversando, y esto, a su vez, opera como una invitación a que el cliente exponga sus propias reacciones, a que las explore y a que devele si está generando las mismas reacciones en su sistema, en su entorno afectivo y laboral, o donde sea importante resolver el tema tratado para lograr su objetivo.

Un coach no demuestra esta competencia si no le responde al cliente de acuerdo con lo que expresa, o si su respuesta no guarda relación con lo que el cliente intenta conseguir, sino que se limita a escuchar buscando problemas o puntos débiles. Tampoco demuestra esta competencia si espera el momento propicio para compartir sus conocimientos en la materia o para decirle al cliente lo que tiene que hacer.

Capítulo 7

Evoca Conciencia

En la última revisión de su modelo, la ICF unificó tres competencias en una. De este modo, los contenidos que antes aparecían bajo Preguntar Poderosamente, Comunicación Directa y Crear Conciencia, hoy, actualizados, están desarrollados en *Evoca Conciencia.*

Definición

El coach:
Facilita el entendimiento y el aprendizaje de cada cliente mediante el uso de herramientas y técnicas, como preguntas poderosas, silencio, metáforas o analogías.

La ICF sostiene que un coach demuestra esta competencia cuando exhibe los siguientes comportamientos:

1. Considera la experiencia de cada cliente al momento de decidir qué podría ser más útil.
2. Desafía al cliente como una forma de provocar conciencia o entendimientos.

3. Hace preguntas sobre cada cliente, como sobre su forma de pensar, valores, necesidades, deseos y creencias.
4. Hace preguntas que ayudan a cada cliente a explorar más allá del pensamiento actual.
5. Invita a cada cliente a compartir más acerca de su experiencia en el momento.
6. Nota lo que está funcionando para potenciar el progreso de cada cliente.
7. Ajusta el planteamiento de Coaching en respuesta a las necesidades de cada cliente.
8. Ayuda a cada cliente a identificar factores que influyen en patrones actuales y futuros de comportamiento, pensamiento o emoción.
9. Invita a cada cliente a generar ideas sobre cómo pueden avanzar y lo que están o son capaces de hacer.
10. Apoya a cada cliente a reencuadrar perspectivas.
11. Comparte observaciones, entendimientos y sentimientos, sin apegos, que tienen el potencial de crear un nuevo aprendizaje para cada cliente.[15]

Evocar Conciencia en relación con otras competencias

La Escucha Activa hace posible desarrollar preguntas exploratorias que van a crear conciencia y nuevas posibilidades de acción. Las competencias están íntimamente relacionadas unas con otras. No podemos Preguntar Poderosamente si antes no hemos *escuchado activamente* y si no estamos totalmente *presentes* en la sesión de Coaching. Por este motivo, no hay fórmulas para Preguntar Poderosamente. Podemos tener una lista de preguntas que queramos hacer, pero la

15 Ver apéndice o https://coachingfederation.org/core-competencies

Competencia se enfoca en hacer preguntas y observaciones que surjan de la Escucha Activa en el momento, de lo que presenta el cliente durante la sesión.

Sesión con Daniella

(08:22) **Si tomás distancia y ves tu realidad desde una visión de dron, y mirás tu vida desde el punto de vista que acabás de mencionar –el respeto por vos misma– tu cuidado, ¿qué ves?**

(08:37) Me siento como que estoy corre y corre y corre carreras. Así me voy corriendo y corriendo y en el camino me dan un agua y la tomo, y en el camino alguien me da una banderita y la tomo, y en el camino alguien se para y me dice "vente a comer" y voy. Me siento, viéndolo desde arriba, como en una carrera donde no me tomo el tiempo para respirar y descansar y tomarme el agua. Tomo y tomo y tomo cosas, y me las llevo, y como que me falta pararme a tomar, quizás, a disfrutar, a ver para atrás, a respirar. En vez de sentir que tengo que cumplir una cosa, y acaba mi videollamada y me voy a la que sigue, y acaba y me voy a la que sigue. A veces corto una y ya me metí en otra y entré tarde, como que me toca, viéndome desde arriba, un relax. Entrar en una, pero en el medio salir a mi terraza y ver mi limonero y mis limones, y cortar unos limones, y luego volverme a meter, como que añoro tener ese espacio.

(09:49) **¿Y qué vas a necesitar hacer o ser para conseguir ese espacio que estás añorando?**

(10:03) Creo que un poco de aceptación, aceptación de que lo que tengo está súper bien, e ir más despacito, bajar la velocidad. Va a requerir tener que decir que no a algunas cosas. Elegir, quizás. Elegir qué es lo que sí quiero. Y sabes qué va a requerir, no me vas a creer lo que te voy a decir, no es una acción. En inglés se dice courage. Se necesita coraje. Yo necesito tener el coraje, es decir, la valentía de poder elegir tranquilamente hacia dónde, con quiénes, a qué horas. Organizar la mente y tener esa valentía, que es la que no tengo. Eso es lo que me falta: la valentía, el coraje. Digo que lo hago, pero no lo hago.

(11:24) **Si te visualizás desde afuera como la Daniella valiente que elige con autorrespeto, que se cuida, que disfruta, que para a buscar los limones, que para a tomar agua en la carrera, ¿qué ves?**

(11:57) Pues, me veo dando mucho más de mí misma. Aportando más, teniendo más fuerza, aguantando más la carrera. No voy a dejar de correr, porque me encanta, como el ejercicio que haces de calentamiento, para que la carrera al final sea más fuerte... Aparte, por detrás de todo esto está el querer quedar bien, el no decir "no" por miedo a quedar mal, el estar en paz. Encontrar esa paz creo que es lo que me urge. Eso es lo que siento.

Análisis

Cuando el coach pregunta *poderosamente*, desafía al cliente a crear conciencia o nuevas perspectivas de la situación. El coach hace preguntas que desafían los supuestos y las creencias del cliente, y con este recurso lo invita a reflexionar sobre qué está asumiendo.

En este ejemplo vemos cómo el coach invita a la clienta a tomar distancia –disociarse o separarse de la situación– para ver su desafío como un observador diferente. Como resultado, la clienta se ve corriendo y añora tomarse el tiempo para cortar sus limones.

El coach también Evoca Conciencia cuando invita a la clienta a distinguir su situación actual de la deseada, visualizándose en un futuro posible e invitando a considerar *qué* necesita hacer o *quién* necesita ser para alcanzarlo. Daniella se da cuenta de que lo que necesita es ser valiente para tomar acción.

Al desarrollar conciencia y mayor claridad en su situación, la clienta puede usar lo aprendido, no solo en la situación específica, sino también en otras áreas de la vida. Cuanto más profunda sea la enseñanza, más oportunidades tendrá la persona de aplicar lo aprendido.

Es importante enfocar las preguntas hacia el futuro e ir hacia el pasado solamente como forma de explorar experiencias que pueden ser de utilidad para experiencias futuras, y no como una oportunidad para encontrar explicaciones. Es por eso que preferimos preguntas que empiezan con "para qué", en vez de empezar con "por qué". En el primer caso, nos enfocamos en el futuro; en el segundo, buscamos explicar algo desde el pasado, y a veces, esto puede hacer que el cliente adopte una postura defensiva.

Preguntar Poderosamente

¿Cómo sabemos si estamos preguntando poderosamente? ¿Cuáles son los elementos que tienen que estar presentes para provocar conciencia?

Cuando el coach *pregunta poderosamente*:

- Crea impacto y puede generar una experiencia transformadora.
- Ilumina y conduce a espacios en los que el cliente no ha estado, para crear nuevas posibilidades de acción.
- Produce un *insight*, un "darse cuenta" de algo de lo que el cliente no se ha percatado hasta ese momento.
- Crea conciencia. El cliente hace conexiones nuevas, que le permiten ser un observador diferente de su realidad.
- Desplaza al cliente de la historia, para llevarlo al futuro.
- Puede ser que el cliente diga: "¡Esa es una buena pregunta! ¡Qué pregunta interesante!".
- El cliente puede quedarse en silencio, reflexionando.
- El cliente puede producir exclamaciones, como, por ejemplo, "¡ah!"; o una respuesta como "qué interesante lo que me preguntas", "nunca se me había ocurrido", o "nunca me hicieron esa pregunta" o, "a partir de lo que me preguntaste, me di cuenta de…".

Preguntar Poderosamente es una de las herramientas más importantes que tenemos como coaches, para producir una transformación y nuevas posibilidades de acción en la vida de nuestros clientes. En Coaching –a diferencia de en algunas psicoterapias, que buscan entender el pasado para resolver el presente–, se busca hacer foco en el presente y proyectar hacia el futuro. Preguntar Poderosamente nos permite ir en esa dirección.

La curiosidad es clave para investigar y explorar qué es lo que realmente le está sucediendo al cliente. De esta manera, el coach se corre del lugar de experto –a diferencia del consultor, que está ubicado en una posición de especialista y se siente habilitado para dar consejos.

Los coaches no somos expertos, sino profesionales comprometidos a explorar y aprender junto con el cliente lo que es posible para él. Evitamos ubicarnos en un lugar de autoridad, buscando relacionarnos al mismo nivel. Estamos co-creando, y colaborando para generar nuevas posibilidades de acción juntos.

Si bien es cierto que para ser coach es necesaria la adquisición de credenciales, conocimientos, habilidades y experiencias que nuestros clientes no tienen, no estamos entrenados para guiarlos o influenciarlos con nuestras propias creencias. En el caso de que ofrezcamos una interpretación, lo haremos siempre a través de una pregunta, como una hipótesis, indagando si le sirve al cliente, si tiene sentido para él y no como una verdad revelada.

Compartir experiencias, conocimientos, opiniones y juicios personales puede ser apropiado o no, de acuerdo con el contexto. La filosofía de la ICF –a la que nosotros adherimos– consiste en entender el Coaching como un proceso colaborativo en el que nuestros clientes desarrollen conciencia y encuentren sus propias soluciones. El coach ofrece con su escucha un espacio de trabajo que hace que ese proceso sea posible.

Si al cliente le resulta dificultoso responder una pregunta, el coach puede reformularla. Cuando se pregunta poderosamente, el coach le brinda tiempo a su cliente para que reflexione. No demuestra apuro o ansiedad de escuchar la respuesta. Y no siente necesidad de explicarse o repetir la pregunta, salvo que el cliente lo pida.

Según nuestra experiencia como mentores y formadores de coaches profesionales, los coaches que están en entrenamiento temen hacer preguntas exploratorias, porque piensan que pueden llegar a incomodar al cliente al involucrase íntimamente. Sin embargo, si hay confianza, el cliente sabe que el compromiso del coach es con su potencialidad de aprendizaje y su desarrollo. Hay, entonces, mayor posibilidad de abrir un espacio de exploración profundo, para evitar así quedarnos en un nivel superficial.

Este es uno de los desafíos más grandes para los coaches que se están formando, ya que implica enfocarse no solo en el *qué*, sino, además, en el *quién*.

La diferencia entre el *qué* y el *quién*

El *qué* es lo que el cliente nos dice en relación con lo que desea trabajar. Por ejemplo, el cliente puede decir "lo que yo quiero es tener mayor efectividad para manejar mi tiempo. Soy muy desorganizado y quiero que me ayudes a manejar mejor mi calendario, mis actividades". Entonces, eso es lo que el cliente quiere conseguir en la sesión. Es el tema, la inquietud, la brecha entre dónde está y dónde quiere estar. Es lo que se define durante el acuerdo.

Sin embargo, cuando preguntamos poderosamente, vamos a explorar no solo lo que el cliente quiere hacer o conseguir, sino *quién* es el cliente, qué le está pasando para que no pueda ser organizado, cómo se relaciona con el tema que lo inquieta, qué obstáculos se le presentan y no le permiten ser tan organizado como le gustaría. Vamos a explorar qué le está pasando o *quién* está siendo en ese momento, y por qué no se permite tener la efectividad deseada en esa área o en otros aspectos de su vida. De esta manera, la exploración resulta más poderosa y transformadora que si nos quedáramos solamente en el *qué* o en cómo ser más efectivo en la organización del calendario.

Cuando exploramos *quién* es la persona y *qué* le está pasando, solemos darnos cuenta de que, además de la situación planteada, es posible que existan otras subyacentes que, al ser exploradas, pueden ofrecer mayor valor al cliente para crear conciencia y acciones que no eran viables hasta ese momento. Explorar el *quién* incluye las emociones, las creencias, los valores, las, necesidades del cliente.

Chris Argyris (1974) diferencia el aprendizaje de primer grado –en que el observador hace algo diferente para producir nuevos resultados– del aprendizaje de segundo grado, en que lo que se cambia no es lo que se hace, sino la definición del problema, y también del aprendizaje de tercer grado, que cambia al observador que tiene que ejecutar esa acción, es decir, las interpretaciones acerca de esa realidad sobre la que tiene que actuar. El aprendizaje de primer grado corresponde al modelo tradicional de resolución de problemas. En un proceso de feedback, se detecta y corrige el error, dentro del conjunto de opciones que había anteriormente. El aprendizaje de segundo grado requiere apertura, coraje y disposición para desafiar las propias creencias y considerar la situación desde otro punto de vista. En el aprendizaje de tercer grado, al cambiar la manera de generar interpretaciones, se enfoca no solo en el *hacer* sino también el *ser* del cliente.

Quizás, en el ejemplo anterior –"lo que yo quiero es tener mayor efectividad para manejar mi tiempo"–, detrás de la desorganización exista algún desafío relacionado con la autoestima y la falta de asertividad. Por ejemplo, que el cliente no pueda decir que no y, como resultado, diga a todo que sí, lo que hace imposible que cumpla con todos sus compromisos. O bien, que tema tanto el fracaso como el éxito. Puede que le estén ocurriendo muchas cosas que definen *quién* es, y si vamos en esa dirección, los resultados pueden ser más efectivos que si nos quedamos solo con el *qué* hacer para organizar las actividades. Por supuesto, tendremos que contar con la autorización del cliente para profundizar en el *quién*.

Al final de la sesión, una vez que el cliente toma conciencia de lo que le puede estar sucediendo, es importante que haya una acción comprometida –lo que desarrollaremos más adelante–. Se busca que satisfaga su inquietud –que ha sido parte del acuerdo–, definiendo acciones específicas; pero lo que permite que las acciones sean sustentables, es decir, posibles de ser realizadas, es haber indagado en profundidad, para que el cliente pueda concretar un cambio como observador –o *insight*– con respecto al planteo inicial.

¿Cómo Preguntar Poderosamente?

Es importante explorar lo que permanece subyacente, las maneras de pensar, de crear y de aprender del cliente. Nuestra parte creativa es la que nos dará la posibilidad de hacer preguntas poderosas, y este es uno de los aspectos en los que más cabalmente se aplica el Coaching como arte. Debemos poner a funcionar nuestra creatividad a través de las preguntas que hacemos e invitar a nuestros clientes a pensar creativamente.

Para que las preguntas sean poderosas, tienen que ser claras, concisas, dirigidas al punto en concreto, y deben ser formuladas de a una. Las preguntas encadenadas, una tras otra, hacen que el cliente elija solo una; por lo general, la última. Cuanto más cortas, claras y precisas sean las preguntas, podrán ser respondidas con mayor efectividad. Por eso es importante tomarnos un tiempo para elegir las palabras que tengan mayor impacto en el cliente, así como prestar atención al tono de voz.

Al respecto, sugerimos evitar:

- Las preguntas de fórmula o estándar. Muchas veces, los coaches acuden a listas de preguntas. Pero es mejor estar totalmente *presentes* con nuestro cliente y explorar a partir de su contexto, de lo que trae a la sesión. Las preguntas de fórmula quitan creatividad. Por ejemplo: "¿Cómo se siente?", "¿Cuál es su responsabilidad en esta situación?" (en el caso de que el cliente plantee que se siente culpable por algo); "¿En qué otros campos le sucede…?", "¿Para qué le sirve…?".
- Las preguntas cerradas, que pueden contestarse con un "sí" o un "no", porque pueden estar guiando al cliente hacia un lugar al que nosotros queremos ir, o pueden obturar posibilidades de que el cliente se pueda explayar, aportando una reflexión más profunda que conduzca a la transformación. Por ejemplo: "¿Usted puede, en realidad, hacerse cargo de eso?", "¿Podría tener otra opción?". Para evitar las preguntas cerradas hay que modificarlas agregando "qué" o "cómo". Las preguntas no recomendadas en el punto anterior podrían ser formuladas así: "¿Cómo cambiaría su vida si usted se hiciera cargo de eso?", "¿Qué otras opciones tendría?". Si nos damos cuenta de que hicimos una pregunta cerrada, podemos acompañarla de una pregunta abierta.
- Preguntas que incluyen una solución o un consejo. Son preguntas generalmente cerradas y comienzan con: "¿No deberías...?", "¿Podrías...?", "¿Harías o no harías tal cosa…?", "¿Vas a hacer tal cosa…?", o "¿Hiciste tal cosa…?". Por ejemplo: "¿Has hablado con tu jefe al respecto?". Esta pregunta –aparte de ser

una pregunta cerrada– estaría indicando que sería bueno, según la opinión del coach, que hablara con el jefe, una pregunta a la que el cliente puede limitarse a contestar con un "sí" o un "no". En cambio, se podría preguntar: "En tu compañía, ¿cuáles son los canales de comunicación para resolver una situación como esta?" O, en lugar de preguntar "¿Puedes buscar a un amigo para ir al gimnasio?", se puede decir "¿Qué te puede ayudar para ir al gimnasio?" o "¿qué te puede ayudar a tener más disciplina para ir al gimnasio?". Hay que tener cuidado de no incluir soluciones en forma de pregunta. Si le hacemos la pregunta, no debemos darle al cliente la solución posible. También sugerimos evitar hacer una pregunta como si hubiera una sola respuesta, que represente la solución. La preguntas que empiezan con "qué" o con "cómo" son, por lo general, las más poderosas y efectivas. Hay que evaluar hasta qué punto las usamos.

- Preguntas retóricas que pueden implicar un juicio o una opinión del coach. Por ejemplo: "¿Realmente vas a desaprovechar esa oportunidad?", "¿No te gustaría llevarte mejor con tu jefe?" o "¿En qué estaba pensando cuando tomó esa decisión?". Hay formas más efectivas de preguntar. Por ejemplo: "Mencionaste algo relacionado con…, ¿qué más se te ocurre que puede haber sobre el tema?", o "¿cuáles serían las ventajas y las desventajas de tomar esa decisión?". En estos casos es importante, en primer lugar, darnos cuenta de lo que nos está pasando, revisar los juicios que tenemos acerca de nuestro cliente y pensar qué podemos hacer al respecto.
- Preguntas que son interpretaciones encubiertas. Por ejemplo: "¿Cuánto hace que odias tu trabajo?" Tal vez el cliente nos diga "yo no odio mi trabajo". Si no sabe-

mos con exactitud si el cliente lo odia, si no le gusta o si ama su trabajo, esta pregunta es un juicio nuestro. Solo sabemos lo que nos dijo. Una solución es usar sus propias palabras. Si el cliente dijo "me siento frustrado...", no interpretar y preguntar, por ejemplo, "¿Cuánto hace que se siente frustrado en esta actividad?", sino "¿Qué lo hace sentirse frustrado?". Como otro ejemplo, "¿Estás muy enojado?", se puede cambiar por "¿Cómo te estás sintiendo por esta situación con tu colega?". Si ya hicimos esa pregunta, se puede corregir ampliando el abanico de posibilidades, por ejemplo, con "¿Estás enojado..., triste...? ¿Cómo estás?".

- Preguntas que empiecen con "¿Por qué...?", que pueden llevar a una actitud defensiva del cliente, como justificarse o resistirse a la sesión. Por ejemplo, "¿Por qué hizo eso?" o "¿Por qué dejó el trabajo?", se puede modificar así: "¿Qué factores lo llevaron a dejar su trabajo?". Además, el "¿por qué?" puede remitir a causas pasadas o históricas, y conducir a tratar de encontrar una causalidad lineal de los acontecimientos.
- Interrumpir o hacer comentarios cuando el cliente no haya terminado de hablar. O continuar hablando, aunque el cliente intente interrumpir al coach, o cuando se comienza a hablar simultáneamente; o bien, terminar la frase o el pensamiento del cliente. La solución podría ser contar hasta dos antes de hablar, y si el cliente hubiera finalizado, también contar hasta dos, para dar lugar a que pueda continuar.
- Ser tímidos o reacios a interrumpir. Es lo opuesto a la conducta anterior, dejar que el cliente se explaye durante largo tiempo y que se vaya por las ramas, en vez de ayudarlo a focalizar en el tema. Una excesiva cantidad de detalles puede confundir y dificultar la conversación. La función del coach es asegurarse de que la

> conversación vaya en la dirección elegida por el cliente, y pedir permiso para focalizar la sesión, si es necesario. Por ejemplo: “Hubo algo que captó mi atención hace un rato y fue... ¿Le importaría si lo interrumpo y volvemos a ese punto? ¿Cómo se relaciona este comentario con el Acuerdo para nuestra sesión de hoy?”.

En *Las preguntas detrás de las preguntas* (2001), John Miller propone buscar tres elementos para preguntar en forma efectiva. Sugiere empezar con “qué” o “cómo” en lugar de “por qué”, “quién” o “cuándo”; incluir el “yo” en lugar de “tú”, “nosotros” o “ellos”, como una forma de hacernos responsables de la situación. Por ejemplo, en lugar de decir “Es difícil guardar un secreto...”, decir “A mí me cuesta guardar un secreto...”, y focalizarnos en una acción.

Cambia tus preguntas, cambia tu vida (2009), de Marilee Adams, se basa en algunas ideas de John Miller. Plantea que nuestros pensamientos, en general, ocurren como respuesta a todas las preguntas que nos hacemos. Si prestamos atención a cómo pensamos, nos vamos a dar cuenta de que los pensamientos son respuestas a preguntas internas, que pueden crear nuevas posibilidades y perspectivas en nuestra vida.

Adams diferencia dos tipos de preguntas: las de “aprendiz” y las de “juez”. Las preguntas típicas de juez son “¿Qué es lo que está mal?”, “¿De quién es la culpa?”, “¿Cómo puedo probar que tengo razón?”, “¿Por qué me pasa esto a mí?”. Son preguntas reactivas, y es normal que las formulemos, pero, en la medida en que las podamos reemplazar por las de aprendiz, conseguiremos mayor efectividad y más bienestar en nuestra vida. El aprendiz se pregunta “¿Qué puedo hacer en esta situación?”, “¿Qué puedo hacer para que suceda lo que quiero conseguir?”, “¿De qué soy responsable?”, “¿Qué quiero aprender?”, “¿Qué es posible?”.

Según Adams, si aceptamos al juez, pero lo reconocemos y lo dejamos ir para formularnos preguntas de aprendices, creamos nuevas posibilidades. El concepto es bastante poderoso para nuestro trabajo de Coaching. Cuando los clientes se hacen a ellos mismos las preguntas de juez, antes que las de aprendiz, quizás estén experimentando negatividad, frustración y falta de efectividad.

Ejercicio

Un ejercicio que sugerimos hacer en los entrenamientos de Coaching que ofrecemos es grabar una sesión, habiendo pedido al cliente permiso para hacerlo, transcribir todas las preguntas que se hicieron y evaluar cuáles fueron poderosas y cuáles no. ¿Qué preguntaría de manera diferente? ¿Qué preguntas omitió?

Lenguaje claro y conciso

El coach debe expresarse con claridad. Para eso, es necesario que formule sus ideas mentalmente antes de compartirlas. A veces, es apropiado pensar en voz alta durante la sesión, pero también es fundamental determinar cuándo hay que tomarse el tiempo para armar ideas claras antes de articularlas.

La capacidad de síntesis y la de articular las ideas claramente pueden ser desarrolladas. Requieren práctica y, sobre todo, un estado de relajación que nos permita tomarnos el tiempo para explicar con claridad una idea, o hacer una pregunta.

Cuando el cliente pide que se le repita una pregunta o algo que se le ha dicho, estamos frente a un indicador de falta de claridad.

La capacidad de síntesis le permite al coach presentarle al cliente las ideas de una manera que lo ayude a ser un nuevo observador de la situación. Por otro lado, la capacidad de mostrar las ideas expresadas por el cliente desde otro ángulo puede abrir nuevas perspectivas de entendimiento de las situaciones y nuevas posibilidades de acción.

En las sesiones de Coaching, menos puede ser más. Hablar menos, crear espacios de reflexión, morderse la lengua, puede ayudar al cliente a encontrar sus propias respuestas. En una sesión, el coach debe hablar mucho menos que el cliente. En el estudio de esta competencia, también debemos prestar atención al manejo de los silencios. La capacidad de sentirse cómodo durante los silencios, particularmente cuando se lleva a cabo la sesión por teléfono, es una habilidad que se desarrolla con la experiencia. Un coach nuevo en la profesión puede sentir la necesidad de tener que decir algo, para que no se note que no sabe qué decir. Un coach experimentado se siente cómodo con los silencios. Los entiende como una oportunidad de reflexión, tanto para el cliente como para él.

Es muy importante tener en cuenta este punto, sobre todo, cuando se trabaja con personas de otras culturas, que, aunque compartan el mismo idioma, pueden tener diferentes niveles de educación y asignar diferentes significados a las palabras. Por ejemplo, el término "quiebre", que se utiliza mucho en los ámbitos ontológicos, puede producir una reacción negativa en una persona que no está familiarizada con ese uso. En este caso, el cliente puede sentir que el coach está interpretando erróneamente su inquietud. El coach debe prestar atención al vocabulario que utiliza y asegurarse de que el cliente comparta los mismos códigos. Cuando no esté seguro, deberá preguntar, para verificar si el significado de las palabras que está utilizando es compartido por el cliente.

Cuando el coach utiliza un lenguaje técnico, con definiciones teóricas de la escuela de Coaching donde se formó, puede confundir a su cliente. Para utilizar el vocabulario del cliente es necesario prestar atención y, en algunas ocasiones, aclarar qué sentido preciso se le da a determinada palabra. En el siguiente ejemplo –Sesión con Daniella– se observa cómo el coach pregunta sobre un término y luego lo incorpora a su vocabulario.

Sesión con Daniella

(03:59) Creo que quizás deberíamos empezar con por qué me hago esto. Bueno, por qué no me animo a decir que no. O sea, quiero ese espacio de autorrespeto a mí misma y honrarlo sintiéndome bien. Entonces, creo que me gustaría empezar con qué me está pasando a mí, qué estoy sintiendo yo, que pudiera mover la hoja un poquito y no sentirme culpable al decirlo.

(04:55) **Usaste la palabra "autorrespeto". ¿Cómo pensás que serías vos si tuvieras un mayor nivel de autorrespeto? ¿Qué sería diferente?**

(05:20) Creo que tiene que ver con cuidarme a mí. Para mí, el autorrespeto es como decir: "Hasta aquí llegué". Tiene que ver con mi cuidado, con respetar mis límites. Creo que los estoy sobrepasando. No me estoy cuidando, y por eso estoy cansada, y por eso no duermo. Y como quiero que todo quede perfecto, me autoexijo demasiado. Quizás ahí está el tema, en la autoexigencia, en querer estar en todo.

Análisis

En este ejemplo, las preguntas son claras y concisas. El coach, en lugar de responder al *por qué*, empieza sus intervenciones con "Cómo…" y "Qué…", realizando así preguntas abiertas: "¿Cómo pensás que serías vos si…?", "¿Qué sería diferente?". Daniella no se anima a decir que "no", usa la palabra "autorrespeto" y la lleva al futuro; y el coach, para profundizar en el lugar deseado, toma la misma palabra que utilizó la clienta. Las metáforas pueden ser utilizadas durante la sesión de Coaching para *provocar conciencia*. Pueden ser presentadas tanto por el cliente como por el coach, y permiten, a través de la asociación, adoptar nuevas perspectivas, que no estaban disponibles hasta ese momento.

Sesión con Pablo

(05:47) **Cuando vos compartías eso, ¿sabés la imagen que me vino? La imagen de un partido de fútbol en el que la gente está opinando, están todos opinando sobre lo que está pasando. Pero no son los jugadores que están en la cancha, jugando.**

(06:06) Bien, sí.

(06:10) **Cuando te describo esta imagen, ¿qué se te ocurre?**

(06:18) Que es cierto. A lo mejor no juego porque estoy mirando a la tribuna, para prenderme en la imagen que proponés, y que me parece buena. En vez de decir: "Bueno, este es el césped, esta es la pelota, estos son mis pies y hay que poner la pelota en aquel lugar", estoy mirando del alambrado para afuera –en la Argentina, es todo con alambrado–. Miro del alambrado hacia afuera para ver qué dicen los demás, ¿no? Y en ese concierto probablemente me ponga piedras en el camino, porque uno, cuando mira un coro, cuando está de frente a un coro, siempre elige a quién mirar. Porque no los puede mirar a todos [...]. Pero bueno, pongamos los pies en la cancha y la mirada en el objetivo. Y pateemos, porque si no, seguro no va a entrar la pelota."

Análisis

En el ejemplo anterior, el coach incorpora una metáfora que el cliente toma, lo que prueba que le fue de utilidad y le "hizo sentido". Atento a que el cliente es deportista y argentino, el coach utiliza una metáfora vinculada al mundo del fútbol, que permite explorar la inquietud en un terreno familiar.

Para evocar Conciencia, el coach va más allá de lo que dice el cliente al evaluar sus preocupaciones y no se "engancha" con su historia. Esto es muy importante, porque si no se explora lo que trae el cliente, nos quedamos en un nivel muy superficial de trabajo. Por ejemplo, si dice que quiere trabajar en ser más puntual y nos quedamos solamente en qué tiene que hacer para llegar a tiempo, perdemos la oportunidad de explorar los costos y beneficios de llegar tarde, de qué es lo que puede haber detrás de lo que nos plantea, si hay alguna tendencia a autoboicotearse.

Necesitamos trabajar para que el cliente pueda advertir nuevas oportunidades de acción, como resultado de observar la situación desde otra perspectiva. Provocar Conciencia significa producir un "cambio de observador".

Los diferentes niveles de competencia

Un coach principiante hace preguntas que siguen la agenda del cliente, pero que suelen buscar información concreta, responden a fórmulas preestablecidas y, a veces, conducen a una respuesta "correcta" anticipada por el coach. Por lo general, las preguntas están encaminadas a resolver el problema del cliente con la mayor rapidez posible, y con este procedimiento se resuelve la inquietud a nivel superficial, pero no se originan nuevos aprendizajes.

En el nivel de coach profesional, las preguntas siguen la agenda del cliente y, por lo general, están destinadas a obtener información y no se quedan en lo superficial. Buscan una solución al problema presentado, pero pueden responder más a la agenda que al cliente –se pueden llegar a referir más al "qué hacer" que a "quién" está siendo el cliente en esa situación–. Las preguntas de este nivel tienden a utilizar la terminología del Coaching, en vez de utilizar y explorar el lenguaje del cliente. Ocasionalmente, se formularán preguntas directrices. El coach profesional tiende a hacer preguntas con las que el cliente se sienta cómodo.

Para la ICF, los indicadores de esta competencia en un nivel profesional son los siguientes:

1. El coach hace preguntas sobre cada cliente, como su forma de pensar, de sentir, sus valores, sus necesidades, sus deseos, sus creencias o comportamientos.
2. El coach hace preguntas que ayudan a cada cliente a explorar más allá del pensamiento o sentimiento actual, hacia nuevas maneras de pensar o a maneras ampliadas de sentir acerca de sí mismo/a –el *quién*.
3. El coach hace preguntas que ayudan a cada cliente a explorar más allá del pensamiento o sentimiento actual hacia nuevas maneras de pensar o a maneras ampliadas de sentir acerca de su situación –el *qué*.
4. El coach hace preguntas que ayudan a cada cliente a explorar más allá del pensamiento, el sentimiento o el comportamiento actuales hacia el resultado que desea.
5. El coach comparte, sin apego, observaciones, intuiciones, comentarios, pensamientos o sentimientos, e invita a cada cliente a explorar, en forma verbal o tonal.
6. El coach hace preguntas claras, directas, principalmente abiertas, una a la vez, a un ritmo que le permita a cada cliente pensar, sentir o reflexionar.
7. El coach utiliza un lenguaje generalmente claro y conciso.
8. El coach permite a cada cliente hablar durante la mayor parte de la sesión.[16]

En el nivel de máster, el coach hace preguntas evocadoras, que responden plenamente a las inquietudes actuales del cliente, y que requieren que piense profundamente, o

16 Ver apéndice o https://coachingfederation.org/pcc-markers

que cambie su estado de razonamiento. Utiliza el lenguaje y el estilo de aprendizaje del cliente para elaborar las preguntas, se basa totalmente en la curiosidad y no hace preguntas cuyas respuestas ya conoce. Al master coach no lo asusta que las preguntas hagan que él o el cliente se sientan incómodos. Hace preguntas que obligan al cliente a realizar una exploración más profunda, y lo ayudan a crear el futuro, en lugar de centrarse en los dilemas del pasado o del presente.

Un coach no demuestra esta competencia cuando orienta al cliente hacia la solución sin profundizar en sus inquietudes, cuando no crea un espacio suficiente para que él participe plenamente en la creación de conciencia, o cuando no lo invita a utilizar plenamente las herramientas de Coaching, ni su intuición, su razonamiento o su aprendizaje.

CULTIVAR APRENDIZAJE Y CRECIMIENTO

Capítulo 8

Facilita el Crecimiento de cada Cliente

La última de las ocho competencias clave –que la ICF incluye bajo el título Cultivar Aprendizaje y Crecimiento– es Facilita el Crecimiento de cada Cliente.

Definición

El coach:
Colabora con cada cliente para transformar aprendizaje y entendimiento en acción. Promueve la autonomía de cada cliente en el proceso de Coaching.

El coach explora las inquietudes del cliente, y como resultado de Preguntar Poderosamente, ofrece observaciones y crea un espacio de reflexión, lo ayuda a tomar conciencia sobre el tema o a ver la situación desde otra perspectiva. Sin embargo, si este trabajo se queda solo en la etapa de exploración y encuentro de nuevos significados, si no hay acciones que lleven a implementar lo aprendido, el Coaching no está finalizado, ya que es indispensable que ese *insight* o *darse cuenta* se traduzca en comportamientos específicos.

Según la ICF, para demostrar esta competencia, el coach:

1. Trabaja con cada cliente para integrar nueva conciencia, entendimiento o aprendizaje en su visión del mundo y sus comportamientos.
2. Colabora con cada cliente para diseñar metas, acciones y medidas de responsabilidad que integren y expandan nuevos aprendizajes.
3. Reconoce y apoya la autonomía de cada cliente en el diseño de metas, acciones y métodos de responsabilidad.
4. Apoya a cada cliente en la identificación de resultados o aprendizajes potenciales, a partir de los pasos de acción identificados.
5. Invita a cada cliente a considerar cómo avanzar, incluidos recursos, apoyo y potenciales barreras.
6. Colabora con cada cliente para resumir aprendizaje y entendimiento dentro o entre sesiones.
7. Celebra el progreso y los éxitos de cada cliente.
8. Colabora con cada cliente para cerrar la sesión.[17]

Análisis de cada habilidad

1. *El coach trabaja con cada cliente para integrar nueva conciencia, entendimiento o aprendizaje en su visión del mundo y en sus comportamientos.*

Uno de los desafíos del coach, al colaborar con sus clientes para que encuentren acciones que les permitan lograr lo acordado, es no pasar inmediatamente a buscar

17 Ver apéndice o https://coachingfederation.org/core-competencies

opciones, sino hacerlo como resultado de una exploración sobre las inquietudes que trae cada cliente.

Si empezamos a identificar posibles acciones desde el principio de la conversación, puede ser que el cliente salga contento, con un plan de trabajo lleno de actividades a implementar, pero con un aprendizaje superficial, que quizás no pueda ser aplicado en el futuro o en otras áreas de su vida, o que no le permita ver su situación desde otro ángulo.

Se espera que un coach desafíe al cliente para que busque opciones distintas de las que aparecen como obvias, después de hacer un análisis profundo de lo que está deteniendo el paso a la acción. Esto incluye identificar creencias limitantes, interpretaciones y miedos que necesitan ser develados.

2. *El coach colabora con cada cliente para diseñar metas, acciones y medidas de responsabilidad que integren y expandan nuevos aprendizajes.*

No se queda con las primeras alternativas de acción, sino que busca la mayor cantidad de posibilidades para alcanzar las metas que tenga el cliente. A veces, es bueno promover una *tormenta de ideas* que contenga varias acciones, sin filtrarlas por los juicios que puedan tener él o el cliente sobre cada una de ellas, para después evaluarlas una por una y decidir cuál de todas es la más apropiada y realista.

Un coach efectivo también le propone al cliente identificar actividades que impliquen desafíos. De esta manera indaga acerca de oportunidades de crecimiento y aprendizaje. Si el cliente solo identifica acciones posibles de desarrollar dentro de su área de confort, puede ser apropiado que el coach plantee explorar actividades que impliquen probar nuevos métodos o tomar riesgos.

Sesión con Pablo

(13:45) **Estamos identificando esas voces internas tuyas que tienen diferentes posiciones o diferentes perspectivas. Entonces, la parte tuya, la voz que te empuje a ir a la cancha en vez de estar en las gradas observando, reflexionando y discutiendo... ¿qué va a tener que pasar para que esa voz que te empuje tenga mayor prominencia?**

(14:19) Yo creo que tendría que mandarme un mensaje a mí mismo para que, desde mi interior, empiece a... ni siquiera salir, que me empiece a trabajar la cabeza, a picotear como el pájaro carpintero, y esa voz... Yo creo en los mensajes simples. Y esa voz tendría que tener tres palabras nada más. Tendría que decir: "Ponelo por escrito". Ponelo por escrito. Ponelo por escrito". Porque eso es lo que yo le digo también a la gente con la que trabajo. Cuando me cuentan algo, yo les digo: "Anotalo. Anotemos, porque si no está escrito, no está". Entonces, siento que si yo me empiezo a mandar esa... autosugestión, si querés, y esto se convierte en mi mensaje interno y logro priorizar esa voz, que esa voz sea mi coach interno, mi entrenador. Es decir, ese que te dice: "Andá, andá. Bueno, ponelo por escrito...". O sea, son mensajes, los mensajes del deporte, porque practiqué mucho deporte también, son así. No hay tiempo ahí. No es la Facultad de Filosofía. ¡Dale! Entonces, creo que eso es lo que me podría ayudar. Concentrarme en la creación de esa voz que me autosugestione para que cada vez que dude surja esa voz de mi coach interno y diga: "Ponelo por escrito".

3. *El coach reconoce y apoya la autonomía de cada cliente en el diseño de metas, acciones y métodos de responsabilidad.*

Cada cliente tiene que ser responsable de lo que se compromete a hacer y encontrar mecanismos que lo hagan posible. El coach trabaja con sus clientes para que puedan encontrar estos mecanismos, a la vez que se cuida de que el cliente no deposite la responsabilidad en él. Por ejemplo, puede darse el caso de que el cliente le pida al coach que lo llame todos los días para recordarle implementar cierta acción. Creemos que esto no es apropiado y el coach tiene que tener cuidado de no crear dependencia ni en este ni en otro sentido, como por ejemplo, sugiriéndole al cliente que tiene que tomar sesiones de Coaching cada vez que se le presente un desafío.

4. *El coach apoya a cada cliente en la identificación de resultados o aprendizaje potenciales, a partir de los pasos de acción planificados.*

Si no se traducen las nuevas ideas descubiertas durante la sesión de Coaching en acciones concretas y resultados claros, puede ser que el proceso no sea completamente efectivo. Crear conciencia permite poner en acción nuevos comportamientos, y esto implica riesgos para el cliente. Durante el trabajo de autodescubrimiento puede darse cuenta de que tiene habilidades que no está utilizando, o de que hay barreras que son autoimpuestas. O quizá se dé cuenta de que necesita desarrollar nuevas habilidades, si quiere conseguir determinados resultados.

La capacidad de autodescubrimiento está relacionada con la inteligencia emocional y con experiencias anteriores que requirieron identificar áreas de fortaleza y debilidad, y también se relaciona con la disposición de la persona para crecer y aprender. Hay quienes tienen un bajo nivel de autoconocimiento y no están dispuestos a conocerse mejor a sí mismos o tienen temor de hacerlo. En estos casos, el trabajo del coach puede implicar enfocarse en reconocer estas áreas antes de empezar a identificar cursos de acción.

El coach puede desafiar los puntos de vista del cliente, si lo considera una oportunidad de aprendizaje, y animarlo para que tenga en cuenta nuevas perspectivas. Aunque pueda hacerlo sentir incómodo al desafiar sus creencias, con su permiso, puede llevarlo a reconsiderar sus perspectivas actuales. Al darse cuenta de que hay aspectos que no advertía, el cliente puede emprender acciones que no le eran accesibles antes de la conversación. Muchas personas suelen tener dificultad para explorar nuevos puntos de vista, porque temen que esto tenga consecuencias negativas para sus vidas. Es esencial explorar las resistencias y los mecanismos defensivos, porque, por lo general, son síntomas de que hay algo importante para conversar, más allá de lo planteando inicialmente.

Sesión con Pablo

(19:45) **Ya tenemos tu plan de acción. ¿Qué dirías que fue tu aprendizaje más importante de esta conversación?**

(19:55) Creo que a mí, lo que más me gustó de esta conversación, lo que aprendí, es a tener esta... mejor dicho, lo que me aportó tu mirada fue esto de poder individualizar ese coro, ¿no? Y poder saber que ese coro es una hinchada, a veces te alienta y a veces se acuerda de tus parientes. Pero la hinchada es la hinchada, digamos. Entonces, claro, el jugador lo que tiene que hacer es saludar cuando mete un gol. El resto del tiempo tiene que mirar la pelota, el césped y el arco. En mi caso esto se concretaría en esta frase, en decir: "Ponelo por escrito". Pero el aprendizaje principal es esto, es decir, poder individualizar estas voces que están ahí y que no tienen por qué ser determinantes.

Análisis

En este caso vemos cómo Pablo identifica qué acciones va a tomar como resultado de lo que aprendió en la sesión. Aplicando la metáfora, se da cuenta de que al poner por escrito aquello en lo que se compromete, va a tener mayor posibilidad de acción.

---

5. *El coach invita a cada cliente a considerar cómo avanzar, incluidos recursos, apoyo y potenciales barreras.*

Lo ideal es que siempre sea el cliente el que identifique las acciones. Si el coach propone acciones, tiene que tener cuidado de no ubicarse en el lugar de experto o de consultor. Sin embargo, si tiene entrenamiento específico en el área que se está trabajando, o si conoce que otros clientes se beneficiaron con determinadas actividades, las puede sugerir, pero solo como posibilidades, sin que el cliente se sienta con la exigencia de llevarlas a cabo para cumplir con las expectativas del coach. Preferentemente, estas ideas acerca de prácticas determinadas que se comparten tienen que ser expuestas al final de la sesión, después de que el cliente haya hecho su trabajo de exploración.

Un coach experimentado sabe que para obtener resultados es necesario que el cliente se comprometa a cumplir con actividades concretas en fechas específicas. Si no se acuerdan tiempos y fechas, es mucho más difícil dar seguimiento a los compromisos establecidos. También puede ser de utilidad preguntarle al cliente por posibles obstáculos para implementar su plan. Puede suceder que el coach o el cliente tengan definido un curso de acción muy interesante, pero si no hay exploración acerca de las vallas que hay que saltar, aunque las ideas sean muy creativas, pueden quedar en el papel. El análisis de los obstáculos puede ser clave para la implementación del plan, porque permite al cliente estar preparado para enfrentarlos y trabajar sobre ellos.

El coach puede sugerir recursos basados en su experiencia, pero es importante que le dé un espacio al cliente para que elija sus propias herramientas. Hay una gran variedad de obras de las que se pueden tomar ideas acerca de recursos; por ejemplo, *Successful Manager's Handbook: Develop Yourself. Coach Others* (1999), de varios autores, publicado por Personnel Decisions International.

En *The Power of Accountability* (2004), Samuel define la responsabilidad como una toma de acción consistente con nuestros objetivos. Plantea que para ser responsables debemos hacer lo que decimos que vamos a hacer. Parte del trabajo del coach es explorar si el cliente cumplió con lo que se propuso, y evaluar qué es necesario para que lo logre. Samuel explica que lo contrario de ser responsable es ser víctima. Según el autor, en este caso, la persona siente que no tiene control sobre las variables que le impiden alcanzar sus metas.

Las personas que se sienten víctimas creen que no pueden elegir, pero, en realidad, están eligiendo ese lugar. Muchas veces no podemos cambiar la situación en la que nos encontramos, pero podemos elegir nuestra actitud y cómo vamos a lidiar con esa circunstancia. Cada vez que creemos que no tenemos elección, nos transformamos en víctimas. Muchas personas están acostumbradas a actuar de este modo, pero existen razones por las cuales no han alcanzado sus metas, y es este el punto sobre el que hay que explorar en la sesión de Coaching.

El coach puede desafiar al cliente cuando, en vez de hacerse responsable por no haber actuado entre sesiones, se presenta como víctima. La posibilidad de distinguir los beneficios de ese rol puede crear conciencia sobre las racionalizaciones o justificaciones que el cliente ha usado en su vida, y que le impidieron tener el nivel de desempeño y los logros que le gustaría alcanzar. Esta exploración puede abrir nuevas oportunidades de acción y efectividad personal.

Samuel sugiere que, para salir del lugar de víctima, el cliente tiene que darse cuenta de que puede elegir qué acciones va a emprender, y propone tener una intención clara, definir un boceto de éxito y emprender acciones responsables. Ser responsable implica tomar riesgos, no intentar hacer todo perfectamente, pero sí ponerse en acción, dar los primeros pasos, mantenerse en movimiento aunque los avances sean pequeños. Implica ser creativo, pensar en los diferentes cursos de acción posibles. Cuando uno se asume como víctima no puede hacer nada al respecto, porque no hay posibilidades de ver la propia responsabilidad. El lugar de víctima no da elección. Nos pasan cosas y elegimos ignorarlas, culpar a otros o resistirlas, en vez de hacer lo necesario para salir de ese lugar.

El autor identifica siete tipos de problemas que pueden ser obstáculos para el éxito: errores humanos (olvidos, equivocaciones), fracasos en los procesos (falta de claridad acerca de quién hace qué), conflictos, problemas de implementación (falta de coordinación de acciones con otros), cuestiones de salud, problemas de mal funcionamiento de equipos, y obstáculos (cambios en el ambiente). Identificarlos puede abrir posibilidad de acción, siempre y cuando el cliente elija el lugar de la responsabilidad y no el de la víctima.

Samuel plantea, además, que el obstáculo más grande para iniciar una acción es el miedo. Miedo al éxito o al fracaso, al ridículo o al sufrimiento. Cuando nos ponemos en movimiento enfrentamos cambios, y todos los cambios acarrean emociones que pueden convertirse en obstáculos.

En las sesiones de Coaching, el cliente se da cuenta de que no puede seguir hablando de lo que quiere hacer y no hacerlo, como lo hizo durante mucho tiempo, porque el coach lo desafía para que pase de la palabra a la acción. (Puede suceder que el cliente decida faltar a una sesión, para no tener que lidiar con su incapacidad para pasar a la acción.)

Para quienes tienen problemas de disciplina, el coach puede jugar un rol central en el desarrollo de la responsabilidad, porque muchas personas son más responsables frente a otros que frente a sí mismas. En estos casos, el esfuerzo por hacer lo que se dice que se va a hacer aumenta cuando se involucra a otros.

Sesión con Fabiana

(21:17) **¿Puede aparecer algún obstáculo en tu camino, algún desafío para poder implementar esto?**

(21:26) No, lo que sí voy a hacer y que no dije, para evitar un obstáculo, es conversarlo con mi marido, compartir con él que estoy en un nuevo ritmo, como socios, como esposos. Que sepa que estoy en un nuevo ritmo y que lo que se esperaba de mí ya no va a estar. Que no quiero que esté. No quiero que tengan esas expectativas conmigo. Pero bueno, hacer esos acuerdos para poder también darle ese lugar, equilibrarlo, hacerlo más en paz.

(22:05) **Entonces, poder hablarlo con tu esposo te va a apoyar en tu manera de lidiar y de enfrentar y navegar estas decisiones que tienes que tomar. ¿Vas a necesitar algún otro apoyo además del de tu esposo?**

(22:21) Yo creo que no. Yo creo que es ese nomás.

6. *El coach colabora con cada cliente para resumir aprendizaje y entendimiento dentro de las sesiones o entre ellas.*

El coach repara, organiza y revisa eficazmente con el cliente la información obtenida durante las sesiones, y lo orienta para que logre trabajar entre ellas, manteniendo su atención en el plan de Coaching y en los resultados, en las rutas de acción pactadas y en los temas de las sesiones futuras. Un coach efectivo trabaja en estos tres tiempos:

a. Seguimiento de acuerdos pasados.
b. Desarrollo de acuerdos de actividades presentes.
c. Compromisos para futuras acciones.

El coach se centra en el plan de Coaching para alcanzar los objetivos que tiene el cliente y que fueron establecidos en el Acuerdo, sin cerrarse a la posibilidad de ajustarlo, si fuera necesario. Es decir, que tiene la flexibilidad suficiente como para apoyar al cliente en la modificación del rumbo, si las circunstancias lo imponen. También es capaz de adaptar la conversación a distintos ámbitos; por ejemplo, la dirección que toma el cliente, su meta, y el contexto de los temas tratados.

Además, el coach promueve la autodisciplina del cliente cuando es necesario, y lo invita a que se haga responsable de lo que dice que va a hacer, de los resultados de una acción intencional y de un plan específico con plazos de tiempo. El desarrollo de la disciplina en el cliente es muy importante para la implementación de las actividades acordadas. Puede pasar que prepare un plan de desarrollo con objetivos y actividades muy interesantes y detalladas, pero que no se ponen en práctica por falta de motivación o de disciplina. El desarrollo de compromiso muchas veces puede ser uno de los objetivos del plan de trabajo.

Cuando el cliente no consigue los resultados buscados, como consecuencia de no implementar las acciones pactadas, el coach puede confrontar con él de manera positiva, desafiarlo a explorar y analizar qué lo detuvo, y planificar para lidiar no solo con los objetivos predeterminados, sino también con los obstáculos que puede encontrar nuevamente en su camino futuro.

El trabajo de analizar posibles obstáculos puede llegar a ser tan importante como el plan de desarrollo en sí mismo, porque de nada sirve un plan bien preparado si no se evalúan las dificultades que existen para su implementación. Es importante tener una conversación con el cliente antes de terminar la sesión, para explorar los posibles obstáculos, las acciones necesarias para lidiar con ellos y qué apoyo va a necesitar.

El coach puede apoyar al cliente en el proceso de implementación, pero lo ideal es que él use sus propios recursos. La idea es no crear una relación de dependencia.

7. *El coach celebra el progreso y los éxitos de cada cliente.*

Es necesario, para alentar al cliente, reconocer los logros de los primeros pasos. Cuando no se reconocen, se pierde la oportunidad de vigorizar comportamientos positivos. Cada paso hacia los resultados refuerza el proceso. El cliente puede elegir cómo quiere celebrar el éxito, no solo al final, sino también a mitad de camino.

Es importante festejar los logros e identificar los elementos clave para el éxito. Debemos preguntar "¿Cuál fue la clave para que obtuvieras resultados?". Esta pregunta permite identificar los elementos fundamentales que permitieron a la persona conseguir resultados, para que pueda repetirlos en el futuro. También podemos preguntar "¿Cómo vas a celebrar tus logros?", porque cuando no se invierte tiempo en celebrarlos, se pierde una oportunidad de reconocimiento y de recargar las baterías para alcanzar las próximas metas. Por ejemplo, en el caso de un deportista que se dedica profesionalmente al boxeo tailandés, el cliente comentó que la clave de su éxito fue poder llegar al cuadrilátero relajado y con la seguridad de que iba a ganar.

Sesión con Analía

(20:32) **Quiero reconocerte por tu vulnerabilidad y disposición a explorar y clarificar tu liderazgo. ¿Cómo querés terminar la sesión, Analía?**

(20:42) Yo creo que primero, agradecida contigo, porque esta relación es muy importante para mí. Entonces, creo que tengo un caminito. Y la segunda, pues, llevándome en mi corazón que siempre las cosas son de muchos niveles, y que, como líder, si puedo ver varios niveles, voy a poder ser más efectiva, sobre todo, en una época como esta, cuando el contexto afecta todos los otros niveles. No hay nada más allá afuera, sino que nos impacta. Entonces, me sirvió mucho como líder recordar que esto está arriba, viendo el contexto completo, no nada más el pedacito de la venta o de la actividad, o de la operación. Entonces, me voy agradecida.

Análisis

En este caso, el coach reconoce la vulnerabilidad de la clienta y su disposición a explorar y clarificar su liderazgo. Es necesario articular estas ideas y no darlas por sentado.

---

8. *El coach colabora con cada cliente para cerrar la sesión.*

Es importante que antes de finalizar la sesión el coach le pregunte al cliente cómo le gustaría cerrar. En los próximos ejemplos, el coach les pregunta a sus clientes cómo les gustaría terminar la sesión.

Sesión con Pablo

(23:07) **Pablo, ¿cómo te gustaría terminar la sesión?**

(23:10) Bueno, a mí me gustaría... Creo que esto que hablamos recién un poco lo resume. Me gustaría terminarla recordando mi mantra: "Ponelo por escrito". Lo voy a anotar. Y también quiero terminar esta sesión agradeciéndote, porque me hiciste ver un montón de cosas.

Sesión con Alejandra

(21:56) **¿Cómo querés terminar la sesión?**

(21:59) Agradeciéndote. La verdad es que me gustaron mucho las preguntas. Me quedo con varias de las preguntas que hiciste. ¿Cómo vivir esto emocionalmente? La diferencia entre lo racional y lo emocional. Cómo, de alguna forma, poder hacerlo uno. También me quedo con la palabra "desafío", con qué significa este desafío para mí. Así que, gracias.

Los diferentes niveles de competencia

Facilitar el crecimiento de cada cliente permite crear en él oportunidades de aprendizaje continuo. Implica trabajar en conjunto durante la conversación de Coaching, con el objeto de delinear actividades que se cumplirán fuera de la sesión y posibilitarán continuar la exploración, incrementar la conciencia y el aprendizaje y, de este modo, avanzar hacia el objetivo deseado.

El coach principiante tiende a sugerir tareas y acciones que piensa que pueden resolver los desafíos para lograr el objetivo de la sesión de Coaching. Pero estas acciones tienden a ser de carácter unidimensional.

Para la ICF, los indicadores de esta competencia en un nivel Profesional (PCC) son los siguientes:

1. El coach invita a cada cliente –o se lo permite– a que explore el progreso hacia lo que quería lograr en esta sesión.
2. El coach invita a cada cliente a expresar o explorar su aprendizaje sobre sí mismo/a (el *quién*) en la sesión.
3. El coach invita a cada cliente a expresar o explorar su aprendizaje sobre su situación en la sesión (el *qué*).
4. El coach invita a cada cliente a considerar cómo utilizará el nuevo aprendizaje de la sesión.
5. El coach colabora con cada cliente para diseñar pensamientos, reflexiones o acciones posteriores a la sesión.
6. El coach colabora con cada cliente para considerar cómo avanzar, incluidos recursos, apoyo y potenciales barreras.
7. El coach colabora con cada cliente para diseñar los mejores métodos de responsabilidad para él/ella mismo/a.
8. El coach celebra el progreso y el aprendizaje de cada cliente.
9. El coach colabora con cada cliente sobre la manera en que cada cliente desea completar esta sesión.[18]

Un master coach colabora plenamente con el cliente para diseñar las acciones o, alternativamente, deja que él

18 Ver apéndice o https://coachingfederation.org/pcc-markers

lidere el diseño. Entre ambos delinean actividades adaptadas a los objetivos del cliente, a su estilo de aprendizaje y a su ritmo. Permite acciones que fomentan el razonamiento, la creación y la acción. Impulsa al cliente a relacionar las acciones diseñadas con otros aspectos, ampliando así su ámbito de aprendizaje y de crecimiento. Fomenta la experimentación, para ayudar a desarrollar acciones de mayor potencial y provecho.

El coach no demostrará esta competencia en un nivel profesional si no invita al cliente a participar plenamente en la planificación de estrategias y el diseño de objetivos, o si domina el proceso; si los planes y objetivos no reflejan un potencial claro de avance o aprendizaje para el cliente en relación con su orden del día, con sus metas u otro aprendizaje que haya definido como necesario para su crecimiento. Tampoco, si los planes, objetivos o tareas implican solo una actividad fáctica y no prestan atención a las estructuras de razonamiento, aprendizaje, desempeño y creatividad.

APÉNDICES

Ejemplos de documentos de Acuerdo de Coaching

Los modelos que presentamos a continuación son solo muestras de Acuerdo de Coaching. No pretenden ser los únicos, pero se pueden utilizar como guía en la creación de un contrato con los clientes. Los primeros dos ejemplos se pueden obtener en la página web de la ICF (www.coachfederation.org), en lengua inglesa.

El lector encontrará cláusulas que cubren y protegen tanto al coach como al cliente. Una vez que haya redactado su propia versión, le recomendamos mostrársela a su abogado, para que la apruebe. Esto es válido, sobre todo en los Estados Unidos, ya que en América Latina no se acostumbra realizar esta consulta.

Ejemplo 1

Acuerdo de Coaching para clientes que trabajan sobre objetivos personales

Encabezado con nombre y dirección del coach

Por favor, completar, firmar y enviar a mi dirección de correo.

Nombre: ____

Plazo inicial: desde ____________________ hasta______________________

Honorarios por sesión: $________________ Mensuales: $ ______________

Número de sesiones por mes: __________________________

Duración: _________________ (Duración de cada sesión programada).

Normas básicas de trabajo

1. Llamaré al coach a la hora programada.
2. Pagaré los honorarios por adelantado.
3. Entiendo y acepto que soy responsable por mi bienestar físico, mental y emocional durante las llamadas y durante la ejecución de mis opciones y mis decisiones.
4. Soy consciente de que puedo elegir suspender el programa de Coaching en cualquier momento.
5. Entiendo que el Coaching es una relación profesional que tengo con mi coach, que está diseñado para facilitar la creación y el desarrollo de metas personales, profesionales o comerciales, y para desarrollar y llevar a cabo una estrategia y un plan para alcanzar esos objetivos.
6. Entiendo que el Coaching es un proceso integral que puede involucrar todas las áreas de mi vida, incluyendo trabajo, finanzas, salud, relaciones, educación y recreación. Reconozco que es exclusivamente mi responsabilidad decidir cómo manejar estas cuestiones, e implementar las opciones que tengo.

7. Entiendo que el proceso de Coaching no ofrece el diagnóstico o el tratamiento de los trastornos mentales definidos por la American Psychiatric Association.
8. Entiendo que el Coaching no es un sustituto de asesoría, psicoterapia, psicoanálisis, o cualquier otro tratamiento vinculado a la salud o al abuso de sustancias, y que no se utiliza en lugar de cualquier forma de diagnóstico, tratamiento o terapia.
9. Si estoy actualmente en tratamiento o bajo el cuidado de un profesional de la salud mental, me comprometo a consultar con él sobre la conveniencia de trabajar con un coach y a que esta persona esté al tanto de mi decisión de mantener la relación con un coach.
10. Entiendo que la información utilizada en el proceso de Coaching será confidencial, a menos que firme lo contrario, por escrito y como excepción de lo requerido por ley.
11. Entiendo que algunos de los temas pueden ser compartidos, sin mencionar mi identidad, con otros profesionales, como, por ejemplo, coaches que están en formación, o con fines de consulta.
12. Entiendo que el Coaching no debe ser usado como un sustituto de asesoramiento legal, médico, financiero, comercial, espiritual o el que brinda cualquier otro profesional calificado. Buscaré orientación profesional independiente para asuntos legales, médicos, financieros, comerciales, espirituales u otros temas. Tengo entendido que todas las decisiones en estas áreas son exclusivamente mías y reconozco que mis decisiones y mis acciones sobre ellas son de mi exclusiva responsabilidad.

Leí y estoy de acuerdo con lo anterior.

....

Fecha y firma del cliente

Ejemplo 2

Acuerdo de Coaching para clientes de organizaciones

Encabezado con nombre y dirección del coach

Acuerdo entre: (Cliente) ....

(Nombre de la empresa) ....

y coach ....

(Identificar títulos como coaches, certificados, credenciales, etc.), mediante el cual el coach se compromete a proporcionar servicios de Coaching para el cliente centrándose en los siguientes objetivos

....

....

....

Definición

El Coaching es una asociación (definida como una alianza, no como una asociación de negocios legales) entre el coach y el cliente, en un proceso de reflexión y creatividad que inspira al cliente para maximizar su potencial personal y profesional.

Responsabilidades

1. El coach se compromete a mantener las normas éticas y de comportamiento establecidas por la Federación Internacional de Coaching (ICF). www.coachfederation.org/Ethics.
2. El cliente es responsable de su propio bienestar físico, mental y emocional, y de sus decisiones, opciones, acciones y resultados. Como tal, el cliente está de acuerdo en que el coach no es y no será responsable de cualquier acción o inacción, o de cualquier resultado directo o indirecto del servicio prestado. El cliente entiende que el Coaching no es una terapia, no sustituye a otro tratamiento y no está diseñando para prevenir, curar o tratar cualquier trastorno mental u otra enfermedad.
3. El cliente entiende que el Coaching **no** debe utilizarse como sustituto de asesoramiento profesional legal, mental, médico o el que brindan otras profesiones calificadas, y tratará de obtener aseso-

ramiento profesional independiente para estas cuestiones. Si el cliente está bajo el cuidado de un profesional de la salud mental, el coach recomienda que el cliente informe al proveedor de atención de salud mental que participa en un proceso de Coaching.

4. El cliente se compromete a ser sincero, a estar abierto a comentarios y a disponer del tiempo y la energía para participar plenamente en el programa.

Servicios

Las partes acuerdan comenzar el proceso de Coaching en el mes de .... y participar de .... (cantidad) sesiones mensuales, a través de reuniones .... (Describir métodos. Por ejemplo, en forma presencial, por Internet, por teléfono). El coach estará disponible para atender al cliente por correo electrónico y correo de voz entre las reuniones programadas definidas por el coach ....
(Describir los términos). El coach puede estar disponible durante más tiempo, a solicitud del cliente, sobre una base de honorarios prorrateada de................ .... (Por ejemplo, revisar documentos, leer o escribir informes fuera de las horas de Coaching).

Programación y honorarios

Este acuerdo de Coaching es válido a partir de la fecha. El pago es de................... (cantidad) por adelantado o................ (cantidad) mensuales basado en........... .... (frecuencia de reuniones, expresada en el número por semana, por mes, etcétera.).

Las llamadas/reuniones serán de............ (duración de las llamadas o reuniones. Por ejemplo, 30, 45, 60, 90, 120 minutos). Si los honorarios se cambian antes de que este acuerdo haya sido firmado y fechado, se aplicará la tarifa vigente.

Procedimiento

El tiempo de las reuniones y la forma en la que el cliente tomará contacto con el coach será determinado por el coach y el cliente de mutuo acuerdo. Si se eligiera el procedimiento telefónico, el cliente realizará todas las llamadas programadas. Llamará al coach al número .... para todas las reuniones programadas. Si el coach está en cualquier otro número en el momento que corresponda a una llamada programada, el cliente será notificado antes de la cita.

Confidencialidad

Esta relación de Coaching, así como la información (documentada o verbal) que el cliente comparte con el coach como parte de ella, está ligada a la confidencialidad del Código de Ética de la ICF, pero no es una relación confidencial legal (como sucede en medicina o en derecho). El coach está de acuerdo en no divulgar cualquier información relacionada con el cliente sin el consentimiento escrito del cliente. El coach no revelará el nombre del cliente como referencia sin su consentimiento. La confidencialidad no incluye a la información que: (a) estaba en posesión del coach antes de ser proporcionada por el cliente; (b) es generalmente conocida para el público o la industria del cliente; (c) el coach obtiene de un tercero, sin violación de cualquier obligación para con el cliente; (d) es desarrollada independientemente por el coach sin uso de la información confidencial que brinda el cliente, o sin referencia a ella; (e) información que el coach tiene que revelar porque lo obliga la ley.

Versión de información (opcional, basada en una situación específica)

El coach participa de la formación y educación continua necesaria para conseguir o mantener las credenciales de la ICF (International Coaching Federation). Este proceso requiere los nombres y la información de contacto de todos los clientes, para una posible verificación por la ICF. Con la firma de este acuerdo, acepta que se dé a conocer solo su nombre, su correo electrónico y las fechas inicial y final del Coaching. Esta información será compartida con los miembros del personal de la ICF y otras partes involucradas en este proceso, con el único propósito de verificar la existencia de la relación profesional. El coach no compartirá notas personales.

Cliente acepta ____________________ Cliente rechaza ____________________

De acuerdo con las normas de ética de la profesión, los temas pueden ser anónima e hipotéticamente compartidos con otros profesionales, para capacitación, supervisión, tutoría, evaluación, desarrollo profesional del coach, o con fines de consulta.

Cancelación

El cliente está de acuerdo con que es su responsabilidad notificar al coach por lo menos con .... (número de horas) antes de las llamadas/reuniones programadas si no puede participar. El coach se reserva el derecho de cobrarle al cliente a pesar de sus ausencias. El coach tratará, de buena fe, de reprogramar la reunión perdida, siguiendo el acuerdo de trabajo.

Finalización

Tanto el cliente como el coach pueden rescindir este contrato por escrito, en cualquier momento, con .... semanas de aviso.

Responsabilidad limitada

Salvo lo expresamente acordado, el coach no da garantías expresas ni implícitas. Este acuerdo entre las partes supone una completa comprensión con respecto al tema. El presente acuerdo sustituye todas las presentaciones previas, tanto orales como por escrito.

Si surge una controversia con respecto a este acuerdo, que no puede resolverse por consentimiento mutuo, el cliente y el coach intentarán mediar de buena fe para llegar a una solución, hasta .... (cantidad de tiempo en días) después de la notificación. Si la disputa no se resuelve, y en el caso de acciones legales, la parte predominante tendrá derecho a recuperar los honorarios y gastos de la Corte de la Procuraduría de la otra parte. (Cada país tiene sus propios estatutos legales, por lo que recomendamos pedir asesoramiento de un abogado, si se considera conveniente).

Se solicita, por favor, firmar ambas copias y devolver una antes de la primera reunión programada. Conservar una copia de sus registros y otra de correo.

Nombre y firma del cliente..

Fecha..

Nombre y firma del coach..

Fecha..

Ejemplo 3

Acuerdo de Coaching

Encabezado con nombre y dirección del coach

1. Son muchas las definiciones de Coaching. La Federación Internacional de Coaching lo define como "una relación profesional que ayuda a las personas a producir resultados extraordinarios en sus vidas, carreras, empresas u organizaciones". A través del proceso de Coaching, los clientes profundizan su aprendizaje, mejoran su rendimiento y su calidad de vida. El Coaching se diferencia de las terapias que tienden a concentrarse más en la comprensión del pasado. También es distinto de la consultoría, que se centra en la relación entre alguien con experiencia en un campo particular y alguien con menos experiencia en ese campo. El Coaching consiste en una serie de conversaciones en las que el coach trabaja con el cliente para aclarar cuestiones que lo preocupan, definir objetivos y establecer un plan para trabajar en su aplicación. El coach suele ayudar de diferentes maneras: escuchando, contribuyendo a lograr claridad de pensamientos y expresión, brindando su apoyo, formulando preguntas poderosas que guían hacia nuevas perspectivas.
2. El proceso de trabajo en el programa de Coaching consistirá en reuniones mensuales y durará seis meses. Cada una de las sesiones individuales de Coaching será de entre una hora y dos horas de duración y se llevará a cabo por Zoom. El cliente proporcionará al coach información relevante para el programa de Coaching. (Documentos sugeridos: perfil de carrera, currículum, evaluaciones u otros documentos de apoyo.)∂ Es responsabilidad del cliente llamar al coach en el momento acordado. El coach y el cliente harán todos los esfuerzos razonables para ajustarse a los tiempos acordados para las sesiones. Si el cliente tiene que reprogramar una sesión, debe hacerlo, al menos, con 24 horas de anticipación, o la perderá. Se cobrarán todas las sesiones no reprogramadas por el cliente.
3. Todas las conversaciones que se desarrollen durante el proceso de Coaching son confidenciales. El cliente puede elegir qué información le gustaría compartir con otras partes, por ejemplo, su plan de desarrollo. El coach y el cliente definirán sus respectivas funciones.

4. Si el cliente tuviera problemas, dudas o dificultades con respecto al proceso de Coaching entre las sesiones programadas, resultará útil que se ponga en contacto con el coach. En estos casos podrá llamarlo o enviarle un correo electrónico. El coach responderá lo antes posible por teléfono o por correo electrónico.
5. Número de teléfono del coach: ....
Mail: ....
Zoom ID: ....
Número de móvil para situaciones de emergencia: ....

Firma, aclaración del coach..

Fecha..

Firma y aclaración del cliente..

....

....

Fecha..

Ejemplo 4

Acuerdo del Proceso de Sesiones de Coaching

"Me alegro mucho de empezar a trabajar contigo como tu Coach Personal. Vamos a descubrir qué quieres realmente y la manera de lograrlo. Se trata de acelerar tu habilidad para tener más éxito respecto de lo que quieres en tu vida. Establecerás nuevos compromisos y, si lo eliges, yo te acompañaré hasta lograrlos: mi compromiso es con tu compromiso.
Tener un claro Acuerdo de Coaching establece los cimientos para nuestro trabajo. Por favor, hazme saber si tienes alguna pregunta".

¿Qué es Coaching?

"Coaching es un mecanismo para que las personas logren resultados extraordinarios, para su beneficio y el de su comunidad. En un proceso de Coaching se utiliza una metodología que te apoyará a lograr resultados específicos en las áreas de tu vida.
Este tipo de conversación y escucha expande tu habilidad para realizar importantes cambios, avanzar en nuevas áreas, ser y tener más de lo que eres y quieres en tu vida. Los servicios de Coaching no deben confundirse con –ni ser un sustituto de– terapia, consejo legal o diagnóstico médico".

Como coach, puedes esperar de mí:

1. Una relación de Coaching abierta, honesta y comprometida.
2. Un socio que te ayude a extraer lo mejor, lo más profundo, lo más verdadero y auténtico de ti.
3. Que te proporcione seguridad, soporte, apoyo y un entorno en el que te permitas reflexionar, explorar y crear.
4. Que respete nuestro acuerdo de confidencialidad.
5. Que expanda tu visión de lo que es posible y que te ayude a descubrir nuevos puntos de vista.
6. Que te dé información y aporte un feedback honesto.
7. Que te escuche con un alto compromiso y que haga preguntas que nunca antes te hayan hecho o te hayas hecho.
8. Que te apoye para que generes nuevas distinciones.
9. Que sea parte de tu entorno favorable para alcanzar tus metas.

Como mi cliente, espero de ti:

1. Que cultives una honestidad total contigo mismo.
2. Que te COMPROMETAS a lograr resultados que sean realmente importantes para ti.
3. Que experimentes con nueva formas de hacer las cosas y que practiques nuevos comportamientos.
4. Que me proporciones feedback acerca de si yo, como tu coach, o el Coaching, somos valiosos y satisfacemos tus expectativas.
5. Que seas abierto a escuchar mis comentarios y me hagas saber si te parecen adecuados.
6. Que hagas tuyos tus progresos y tus logros.

Naturaleza de la relación de Coaching

"Comienzas Coaching sabiendo que tú tienes el privilegio de crear tus propias decisiones y resultados. Que tú eres responsable de eso que creas y que tú en todo momento puedes elegir. Tú estás de acuerdo en no hacerme responsable de cualquier resultado que se derive directa o indirectamente del proceso de Coaching".

Honorarios

"Hemos acordado una tarifa de .... por 10 sesiones. Esta tarifa se pagará por adelantado. Es importante que mantengamos nuestro acuerdo financiero transparente y claro. Esto nos permite olvidarnos del tema y concentrar toda nuestra atención en lo que es más importante: los resultados que vas a conseguir."

Tiempo

"Hemos acordado tener 10 sesiones. Cada una dura 60 minutos. Dale a nuestro tiempo la máxima prioridad. Estableceremos un horario fijo para cada sesión y cumpliremos nuestra palabra."

Valor añadido

"Es posible que no puedas esperar hasta la siguiente sesión. Puede que tengas una pregunta breve. Puede ser que necesites una respuesta confidencial para una determinada situación. Como valor añadido, ofrezco a mis clientes habituales consultas gratuitas por teléfono o por e-mail, siempre que estas no superen los 10 minutos."

Cambios

"He reservado mi tiempo para ti. Si surgiera un cambio, por favor, avísame con 24 horas de antelación y haremos una nueva cita. Si no me avisas con anterioridad, el tiempo reservado no utilizado se dará por perdido."

Preparación

"Para asegurar que obtenemos el máximo provecho, ven a cada sesión preparado con la lista de puntos que quieres tratar. Tómate unos minutos antes de la sesión siguiente, para valorar el progreso que has hecho durante la semana y para considerar cómo quieres utilizar la siguiente sesión. Puedes utilizar alguna de las siguientes preguntas o puedes crear las tuyas propias. Si quieres, me puedes enviar tus respuestas por e-mail con antelación a nuestra próxima sesión.

1. ¿Qué progresos he realizado desde nuestra última sesión?
2. ¿Qué desafíos tuve que afrontar? ¿Cómo los manejé? ¿Cuáles necesito resolver todavía?
3. ¿Qué nuevas ideas u oportunidades han surgido?
4. ¿En qué quiero concentrarme en la sesión siguiente?

Honestidad y confianza

La honestidad es una pieza fundamental. Por favor, no seas "educado", como mecanismo para proteger a uno de nosotros. Yo espero que honestamente me hables de todo lo que sea necesario en la relación de Coaching, y de todo lo que no te gusta. Si alguna vez digo algo que te molesta o que no te hace sentir bien, por favor, házmelo saber. Te prometo hacer todo lo que esté a mi alcance para satisfacer tus necesidades. Honestidad y confianza son imprescindibles para que nuestra relación crezca. Quiero que este sea un lugar abierto y seguro al que puedas venir con toda confianza.

Yo, ...

he leído el presente acuerdo y estoy conforme en todas sus partes.

Firma del cliente ....

Fecha..

Nombre y firma del coach..

Fecha..

Sesiones completas

Sesión con Pablo

(00:01) **Pablo, ¿qué te gustaría trabajar en la sesión de hoy?**

(00:08) Bueno, encantado de verte y de recibir Coaching con vos y de poder colaborar también permitiendo que se grabe la sesión. El tema es el siguiente: yo soy redactor, soy editor. Cuando tenía doce años, por primera vez un profesor me dijo que iba a trabajar de esto, yo no sabía de lo que estaba hablando. Cuando tenía veinticuatro, un escritor que ya tenía ocho novelas publicadas me dijo que tenía que dedicarme a escribir mis cuentos, mis novelas. Tengo libros autografiados por escritores conocidos que dicen: "A mi amigo Pablo, a la espera de su obra". Así que, bueno, si bien yo vuelco parte de esto en mi profesión de redactor y de editor, mi gran tema o el tema que me gustaría conversar en esta sesión tiene que ver con por qué o cómo tengo que hacer para volcar energía y tiempo en la realización de un proyecto personal.

(01:20) **Cuando decís proyecto personal, ¿qué querés decir?**

01:25 Y, por ejemplo, tengo novelas encaminadas, libros, también, que tienen que ver con la ayuda a los demás, temas encaminados y no creo los espacios para desarrollar estos proyectos.

(01:47) **¿Y qué sería para vos un buen resultado de la sesión de hoy, en relación con encontrar espacios para estos proyectos?**

(01:55) El resultado bueno sería que yo lograra reflexionar acerca de cómo puedo hacer para crear estos espacios de tiempo y dedicarles la energía y poner los pies sobre la ruta de estos proyectos.

(02:15) **¿Qué hace que eso sea importante para vos, hoy, que puedas iniciar esa ruta y desarrollar esos proyectos?**

(02:22) Siento que tendría que ver con una realización personal y también con, de alguna manera, un homenaje a todos los que me alentaron y me siguen alentando en este sentido.

(02:40) **Y en relación con este camino, esta ruta que querés preparar para tener mayor espacio y dedicarle energía, ¿cuál te parece que es un buen lugar para empezar a explorar qué es lo que hay ahí?**

(03:00) Yo creo que el lugar para explorar puede tener que ver con que a veces pienso que mi idea no va a ser aceptada cuando, en realidad, siempre que aporto, ya sea cuando estoy trabajando con un cliente o cuando estoy colaborando en las distintas vertientes de esta profesión, este oficio que tengo, todo es aceptado. Incluso tengo escritores conocidos, gente grande que ha publicado muchas novelas, que aceptan lo que yo hago, y me asombra a veces. Entonces, ¿por qué me sigo asombrando, después de treinta y cinco años que me dijeron por primera vez que tenía que escribir?

(03:54) **Lo que yo estoy escuchando es que hay una parte tuya, una voz interna, que te dice: "Lo que yo voy a escribir no les va a interesar o no lo van a aceptar". Tenés otra voz que te dice: "Hace años que la gente me viene aceptando y le gusta lo que escribo y me recomienda que escriba más". Y después escucho una tercera voz que se asombra. Es como que tenés las tres, hay una que reconoce tu capacidad, que sabe que tenés algo para ofrecer basado en lo que te dicen los demás. Parece que los demás tienen un peso fuerte ahí en esa voz. Otra voz más tuya que dice: "Bueno. quizás lo que yo tenga no es, no tengo algo que sea bueno, o que lo acepten o que me acepten". Después hay otra parte que se asombra, se sorprende cuando escucha lo que le dicen los demás. ¿Qué pensás de estas tres posibles voces? No sé si habrá alguna más, quizás…**

(05:08) A mí no se me ocurre. Pero tal vez puede haber… Lo que pienso es que en este concierto tendría que encontrar una voz propia que me diga "Bueno, hacelo", porque eso es lo que me va a dar la tranquilidad que yo necesito para saber que esa energía está bien invertida.

(05:47) **Cuando vos compartías eso, ¿sabés la imagen que me vino? La imagen de un partido de fútbol en el que la gente, está opinando, están todos opinando sobre lo que está pasando. Pero no son los jugadores que están en la cancha, jugando.**

(06:06) Bien, sí.

(06:10) **Cuando te describo esta imagen que me vino, ¿qué se te ocurre?**

(06:18) Que es cierto. A lo mejor no juego porque estoy mirando a la tribuna, para prenderme en la imagen que proponés, y que me parece buena. En vez de decir: "Bueno, este es el césped, esta es la pelota, estos son mis pies y hay que poner la pelota en aquel lugar", estoy mirando del alambrado para afuera –acá, en la Argentina, es todo con alambrado–. Miro del alambrado para afuera para ver qué dicen los demás, ¿no? Y en ese concierto probablemente me ponga piedras en el camino, porque uno, cuando mira un coro, cuando está frente a un coro, siempre elige a quién mirar. Porque no los puede mirar a todos. Entonces, tal vez, en este temor de mandarme con lo mío, sin descuidar ninguna de las otras cosas, obviamente, miro, concentro mi mirada en las voces que pueden desalentarme. A veces, no por dudar de mi talento, sino por decir "¿Quién se va a poner a leer esto?", que en definitiva es lo mismo, porque el resultado es el no hacer. Así que sí, me parece que tal vez de esta conversación me viene esto de decir: "Bueno, desconectemos un poco el audio, démonos vuelta. O mejor, no lo desconectemos. Seamos conscientes de que esto sucede. Pero bueno, pongamos los pies en la cancha y la mirada en el objetivo. Y pateemos, porque si no, seguro no va a entrar la pelota".

Entonces, me parece que este sería un punto... Yo no sé si decir para reflexionar o para dejar de reflexionar y empezar a anotar. Dejar ya de darle o ponerle tanta nafta a la mente y permitir que los dedos hagan lo que tienen que hacer, atento a que la primera etapa de la escritura es intuición. Yo estoy convencido, y aparte, por mi profesión, lo he comprobado, que se escribe con el corazón pero se corrige con la cabeza. Entonces, la primera etapa de la escritura es una etapa en la que uno tiene que liberar la intuición. Pero la tiene que liberar. Y liberarla es que esté libre de lo que hayan dicho los demás, de los que dijeron "sí" y los que dijeron "no". Porque también en el aliento, a veces, hay, por lo menos en el camino del arte, hay como mucha direccionalidad. "Vos tendrías que hacer esto". Y entonces, uno tendría que poder disociar o dividir la frase y decir: "Vos tendrías que hacerlo". Sacar el "esto", y poner: "Vos tendrías que hacer…". Rellená la línea de puntos y mandate. Así que me parece que esa imagen del coro o de la hinchada con la gente que está hablando me sirve, por ahí, para darme cuenta de que me tengo que dar vuelta. Mirar más que a la tribuna, al campo de juego, y confiar en la poca o mucha habilidad que tengo. Porque, en definitiva, es una cuestión de trabajo, no de habilidad. Gente como Woody Allen, muy talentosa, dice: "Es uno por ciento de inspiración, y el resto, transpiración". Pero para transpirar por algo hay que sentir la motivación.

(11:06) **¿Y cómo estás en este momento en términos de tu motivación?**

(11:14) Me pasa eso, que siento que tengo la energía, que tengo cosas para decir, muchas más que hace treinta y cinco años, porque al comienzo la excusa era que no tenía nada que decir, que era un chico. Los escritores no se preguntan esto. Escriben. Pero sí encuentro esta cosa de que siento la energía pero no paso a la acción. Así que, bueno, la motivación, por ahí, creo que en un grado tiene que estar porque traigo el tema a esta conversación. Si no, diría: "Es un tema sepultado. Hablemos de cosas que valen la pena".

(12:06) **Entonces, si la motivación es suficiente –porque cuando empezamos yo te pregunté para qué y vos dijiste dos cosas–: para una realización personal y para homenajear a los otros. Pero cuando yo te escuché no estaba ciento por ciento seguro de si eso era suficiente motivación. Por eso te estoy preguntando y vos me decís: "Sí, es suficiente motivación; si no, no lo traería". La pregunta es: Entonces, ¿qué es lo que te está deteniendo?**

(12:33) Y, puede ser el temor a desperdiciar mi tiempo en algo que no va a recibir la valoración. Yo estoy acostumbrado a que se valore mi trabajo. En todos los terrenos en los que me desempeñé me pasó eso. Y entonces cuando uno va a un alto riesgo, como sucede… Pensemos que Van Gogh vendió un solo cuadro en toda su vida. El mercado del arte, el reconocimiento. Él no tuvo reconocimiento, no pasaba por la plata. Era pobre porque no vendía los cuadros, pero lo suyo no pasaba por eso. No lo vieron. Entonces, eso, a veces, uno dice: "Yo, ¿para qué?". Eso es, por ahí, lo que siento que me falta. Esta cosa de decir: "Y bueno, hacelo, porque si no…".

(13:45) **Estamos identificando esas voces internas tuyas que tienen diferentes posiciones o diferentes perspectivas. Entonces, la parte tuya, la voz que te empuje a ir a la cancha en vez de estar en las gradas observando y reflexionando y discutiendo… ¿qué va a tener que pasar para que esa voz que te empuje tenga mayor prominencia?**

(14:19) Yo creo que tendría que mandarme un mensaje a mí mismo para que, desde mi interior, empiece a… ni siquiera salir, que me empiece a trabajar la cabeza, a picotear como el pájaro carpintero, y esa voz… Yo creo en los mensajes simples. Y esa voz tendría que tener tres palabras nada más. Tendría que decir: "Ponelo por escrito". Ponelo por escrito. Ponelo por escrito". Porque eso es lo que yo le digo también a la gente con la que trabajo. Cuando me cuentan algo, yo les digo: "Anotalo. Anotemos, porque si no está escrito, no está". Entonces, siento que si yo me empiezo a mandar esa… autosugestión, si querés, y esto se convierte en mi mensaje interno y logro priorizar esa voz, que esa voz sea mi coach interno, mi entrenador. Es decir, ese que te dice: "Andá, andá. Bueno, ponelo por escrito...". O sea, son mensajes, los mensajes del deporte, porque practiqué mucho deporte también, son así. No hay tiempo ahí. No es la Facultad de Filosofía. ¡Dale! Entonces, creo que eso es lo que me podría ayudar. Concentrarme en la creación de esa voz que me autosugestione para que cada vez que dude surja esa voz de mi coach interno y diga: "Ponelo por escrito".

(16:06) **Ahí tenés algo muy concreto y práctico para hacer. Y el background para eso, para que vos tomes ese comportamiento y tengas tu voz interna que te empuje y te diga: "Ponelo por escrito". ¿Qué tenés que creer de vos mismo?**

(16:27) Y, tengo que creer que soy bueno para esto. O sea, convencerme yo, porque la corroboración externa es una pluma al viento. Siempre viene. Yo hablo de la gente que me alentó. De la otra gente no hablo; pero siempre hay gente… Obviamente, la gente opina y lo hace de corazón. Cuando yo tenía doce años y le conté a mi padre este mensaje del profesor de Castellano que me dijo que yo servía para escribir, mi padre me miró como si yo le estuviera hablando… Me miró como el primer tipo al que le habló un loro, ¿entendés? Con asombro… "¿Qué dice?". Entonces, más allá de las buenas intenciones o malas intenciones, ahora ya está, no importa. Uno se tiene que autosustentar en esto.

(17:28) **Me quedé pensando en eso que dijiste de que tu papá se sorprendió por eso. Y me pregunto si hay algo de eso relacionado con cómo vos te sorprendés también de vos mismo. Puede ser, es una posibilidad, que esa misma sorpresa que tu papá tuvo con eso que vos estás trayendo acá, sea la misma que vos, de alguna manera, también incorporaste cuando la gente alaba tus escritos. ¿Hay alguna posibilidad de que haya algo de eso, que por ahí también esté otra voz interna crítica relacionada?**

(18:14) Y, sí, porque si yo lo pienso, que mi papá diga "Bueno está bien, hablemos de otro tema, ¿qué vas a hacer cuando seas grande?", es lo mismo que yo hago, en definitiva. Yo tomo ese discurso y lo repito. En definitiva, yo a todos los escucho. Pero lo que hago es eso. Es decir, no tiene futuro esto. La acción es esa. Es la acción de alguien que no hace algo porque piensa "La verdad es que para anotar algo que nadie va a leer, me lo quedo pensando y listo". Y lo pienso nomás. Viste que la escritura es un medio de comunicación. Si vos lo pensás y lo vas a anotar, pero nadie lo va a leer… Listo, pensalo para vos solo. Pero sí, creo que hay esto de tratar de cambiar ese mensaje y reemplazarlo por uno simple y realmente probar ese camino con intensidad. Es decir: "Ponelo por escrito, y después, ves. Sabemos que todo se acomoda, pero ponelo por escrito".

(19:45) **Ya tenemos tu plan de acción. ¿Qué dirías que fue tu aprendizaje más importante de esta conversación?**

(19:55) Creo que a mí, lo que más me gustó de esta conversación, lo que aprendí, es a tener esta... mejor dicho, lo que me aportó tu mirada fue esto de poder individualizar ese coro, ¿no? Y poder saber que ese coro es una hinchada, a veces te alienta y a veces se acuerda de tus parientes. Pero la hinchada es la hinchada, digamos. Entonces, claro, el jugador lo que tiene que hacer es saludar cuando mete un gol. El resto del tiempo tiene que mirar la pelota, el césped y el arco. En mi caso esto se concretaría en esta frase, en decir: "Ponelo por escrito". Pero el aprendizaje principal es esto, es decir, poder individualizar estas voces que están ahí y que no tienen por qué ser determinantes.

(21:11) **¿Pensás que podés llegar a tener algún obstáculo en el futuro para lidiar con estas voces y para que el jugador esté pendiente de la pelota?**

(21:21) Probablemente. Pero bueno, a mí me parece que si uno tiene un mantra fuerte, o sea, un objetivo individualizado en un mensaje corto y claro acerca de cómo hacer para mantener las ruedas en la ruta, se va a poder guarecer de estas voces internas que siempre van a estar.

(21:53) **¿Y algún apoyo que puedas necesitar para lidiar con estas voces?**

(22:01) Lo que pasa es que siempre… Sí, probablemente pueda necesitar el apoyo, pero creo que otra cosa que aprendí en esta sesión… por un lado, vos me estás ayudando, y entonces, uno se da cuenta de lo bien que le hace tener esta conversación de Coaching. Pero por otro lado, esta conversación, creo que tiene que ver con el tema de ser un poco independiente, ¿no? De decir "Bueno, probablemente necesite ayuda; pero así como tengo que aprender a buscar ayuda, tengo que aprender a no depender de la ayuda". Ese sería el punto medio, como dicen los chinos. Es decir: por acá.

(23:07) **Pablo, ¿cómo te gustaría terminar la sesión?**

(23:10) Bueno, a mí me gustaría... Creo que esto que hablamos recién un poco la resume. Me gustaría terminarla recordando mi mantra: "Ponelo por escrito". Lo voy a anotar. Y también quiero terminar esta sesión agradeciéndote, porque me hiciste ver un montón de cosas.

(23:35) **Gracias de nuevo por participar, por dejarme grabar la sesión para el libro. Voy a detener la grabación ahora.**

Sesión con Analía

(00:01) **Analía, gracias por aceptar que grabe la sesión del día de hoy. ¿Qué te gustaría conseguir en esta sesión?**

(00:10) Mira, fíjate que tengo un dilema en mi trabajo. Yo soy directora de una consultora. Y tengo mi vendedora superestrella que, la verdad, lo ha hecho muy bien a lo largo de los años, pero últimamente no está pudiendo concretar las metas. Y lo que está pasándonos es que se está disminuyendo muy fuertemente la velocidad de venta y eso está afectando ya muchísimo a la empresa. Entonces, lo que me está pasando es que todo el tiempo estoy enojada con ella y le exijo y le pido, y por otro lado, en mi cabeza digo "pero es que hay recesión y hay COVID". Y luego me digo "pues, le tengo que pedir a ella y a todos que vendan", y así estoy, como jaloneada y como que no acabo de encontrar el punto medio entre exigir, entre el acompañar y el cuidar también la relación. Es una relación de muchos años y ver lo que está pasando ahorita en el mundo... Entonces, me está pasando eso ahorita.

(01:28) **Y para el final de la sesión de hoy, ¿qué te gustaría que fuera diferente en relación con tu trabajo con ella?**

(01:35) Mira, la verdad, me gustaría tener claridad en el liderazgo que puedo ejercer sobre ella, para apoyarla, que dé los resultados. Pero no desde un lugar maternal, sino desde un lugar que la empodere y que me empodere.

(02:01) **¿Qué hace que eso sea importante para vos hoy, clarificar tu liderazgo, empoderarla a ella y empoderarte?**

(02:07) Es que al tener un equipo de trabajo siempre me siento responsable de ellos y de la empresa. Esta responsabilidad me viene de varios lados. Una es a nivel de ellos, porque se comprometieron conmigo y votaron por el sueño de estar conmigo. Entonces, siento que yo como líder tengo la responsabilidad de que estén bien ellos y sus familias, y que la empresa crezca. Pero tampoco creo en un liderazgo autoritario, y me estoy convirtiendo un poco en eso, porque como estoy un poco frustrada, porque no estamos pudiendo alanzar los objetivos... Entonces, ya tuve que quitar las oficinas, y como que la jalo de más. Es importante, para mí, preservar esa relación con calidez, pero a la vez conseguir resultados.

(03:14) **Entonces, ¿por dónde te gustaría que empecemos a explorar esta relación que tenés con ella para que, al final de la sesión, puedas encontrar claridad en tu liderazgo, tengas resultado pero a su vez la empoderes, te empoderes, la apoyes, preserves la relación?**

(03:36) Con la conversación de ayer… Tenemos dos personas para un proyecto y se bajó una. Entonces, quedó solo una. Me habló, y la verdad es que creo que reaccioné bien como líder, pero en la tarde, cuando hablé con ella, le pregunté: "¿Cómo estás?". Y me dijo: "Deprimida, estoy muy triste. No sé qué vamos a hacer". Como que está con su autoestima hecha pedazos. Y yo la verdad siento que inconscientemente creé eso en la conversación, porque creo que la acabé culpando. No se lo dije, pero he de confesar, la verdad, que sí. Creo que allí estaba, en mi inconsciente, decir: "¿Qué hiciste para que de dos quedara uno?". Pues no me gustó, me fui a dormir y le dije: "No, a ver, tenemos que entender lo que estamos viviendo juntas, tenemos que a lo mejor diseñar un producto diferente". Como que estuve creando posibilidades, pero ya era la tarde. Ella no… no estaba bien… De plano usó la palabra "deprimida" y me dije: "Tengo que entender qué estoy haciendo como líder, como contexto, porque si ella se siente así, pues, va a vender cada vez menos, y sobre todo, voy a afectar su salud mental, su salud física". Ella me importa genuinamente. Es una persona que quiero mucho y que se ha comprometido conmigo de todas las formas posibles, durante quince años, para sacar esta empresa adelante, y lo que menos quiero es culparla de lo que estamos viviendo todos.

(05:34) **Escucho que hay una parte que tiene que ver con el contexto político, financiero, social, como bien acabas de decir, que estamos viviendo todos. ¿Cuál es la parte que es responsabilidad de ella? Porque hay partes que no podemos controlar y una parte que sí es responsabilidad de ella. ¿Cómo distinguir entre esas dos cosas?**

(05:59) Me es útil lo que me dices, porque yo creo que me tengo que poner a mí, en la ecuación como líder; o sea, cuál es responsabilidad de ella y cuál es responsabilidad mía y cuál es la del contexto. Y yo creo que en esta danza hay tres pedacitos. O sea, creo que ella… Yo creo que hablamos con cuarenta prospectos, fácil, en tres meses, pero por ejemplo, yo no hablé con ningún prospecto. Ella no me involucró a mí, porque me ve ocupada, pero yo tampoco me hice accesible. Sí la supervisaba y los veíamos, pero no fue directo. Entonces, tal vez, a lo mejor como parte mi estilo de liderazgo, ahorita que estoy pensando en esto, a lo mejor pasa por lo que tengo que aprender como líder ahorita, en una crisis, que es, tal vez, involucrarme, hacer cosas que antes no hacía. Porque lo que estábamos haciendo, evidentemente, no está funcionando, porque nos quedamos con un cliente. Y tampoco va a funcionar que yo la regañe o le eche un viaje de culpa consciente o inconscientemente, que ella se sienta como se siente. Entonces, tal vez, el estilo nuevo de liderazgo que se requiere en un tiempo como este es algo que tendremos que descubrir juntas. A lo mejor, ella dejarme estar más cerca, y a lo mejor, yo involucrarme más. O sea, a lo mejor, una distancia distinta.

(07:54) **Lo que estoy escuchando es que estás hablando de involucrarte más, si es necesario, y poder, juntas, diseñar lo que es necesario para el futuro. La pregunta que tengo para hacerte es en relación con tu liderazgo. ¿Quién querés ser como líder con ella? Yo creo que ya empezaste a contestarla, pero si tuvieras que completar la oración diciendo: "Como líder quiero ser…", ¿cómo completarías la oración?**

(08:38) Pues, quiero ser un espacio de creación colaborativa, quiero ser responsable de mi contribución en los resultados. Quiero ser una escucha que empodere y una presencia de… cómo te diré, que posibilite, no que estorbe. Me gustaría ser con ella, en particular, un líder claro. ¿Sabes qué estoy descubriendo mientras te digo? Creo que tengo como una especie de viaje de culpa con ella. Estoy descubriendo que ella me ha dado tanto esfuerzo, contribución, me ha dado más de lo que le he pedido a lo largo de quince años, así que todo el tiempo siento como una deuda en particular con ella. Entonces, a lo mejor no he podido manejar claramente la conversación de tú a tú, porque hay como una culpa que me da, una especie de adeudo, porque "me has dado demasiado, ¿cómo te pago?". Entonces, a lo mejor, lo que hay dentro de mí es una especie de crac, de ganas de protegerla. Entonces, quisiera no hacer eso. ¿Y cómo me gustaría ser con ella? Libre. Para que vuelva a estar alegre la cosa, porque no está alegre. Está pesada la relación, está cargada. Bien poderoso esto de encontrar que tengo como ese adeudo.

(11:08) **Quizás el darte cuenta de que eso está en el background por ahí no te permite ser la líder que querés ser en esta situación con ella.**

(11:19) Pues, sí... Si exploro cómo esta deuda me impide ser esa líder, que me estás preguntando... Yo creo que sí, creo que estoy más desde el amigo que desde el líder. O sea, más desde "te acompaño, te cuido, no te apuro, no te me vayas a deprimir". En vez de eso, tal vez tendría que decir: "¿Qué estamos haciendo chueco?, ¿cómo no estamos generando el resultado? ¿Qué necesitas de mí?". Es una cosa que normalmente haría con otras personas. A lo mejor, esta conversación está ahí metida.

(12:12) **¿Y qué va a requerir de vos reunirte con ella y poder tener lo que sentís que está pendiente a partir de darte cuenta de esto? ¿Qué puede ser diferente en la relación?**

(12:29) Pues... en esa conversación que vamos a tener, creo que yo podría abrir esto que siento con ella. Y tal vez, si ella siente lo mismo, ver cómo podemos nivelar, o sea, si hay algo que ella siente que requiere de mí, que yo le deba, como tener esa conversación valiente para ver si hay algo económico o de tiempo, o algo que requiera ella como para que respire y podamos entrar en una relación más libre. Porque sí me ha pasado, ella dice: "Es que estoy cuidando a mí mamá". Y entonces, yo le digo: "Sí, cuídala, porque...", pero no digo de qué hora a qué hora, cuándo, cómo... No hago eso porque es como que... Y yo también creo que viene del cariño, creo que después de tantos años de estar trabajando con alguien quieres ser una presencia de acompañamiento, pero ¿cómo se revuelven las relaciones?

(13:55) **Como vos dijiste al principio, es como un pastel: un tercio, un tercio y un tercio. Un tercio es ella, un tercio sos vos y un tercio es el contexto de lo que está pasando. De la parte de ella, ¿hay algo que quizás todavía no esté viendo y que le permitiría tener mayor nivel de efectividad? Quizás sea un punto ciego para ella.**

(14:50) Fíjate que yo creo... El otro día que platicábamos, como que en términos de ventas, tanta gente le ha dicho que no y entonces ella decía: "Es que sabes que... le estoy vendiendo este curso. Entonces, así, dijo: "Cómo le voy a quitar ese dinero si lo tiene que usar para estas otras cosas, ahorita en tiempos de crisis". Y yo le dije: "¿Cómo que le vas a quitar?, ¿cómo vas a vender más...?". Yo creo que esa conversación, a lo mejor, es porque ella se siente así. Pues, sí, y es como que... yo creo que como líder tengo que explorar eso que el otro día me dijo, ir más profundo, ver qué le está pasando a ella en esta crisis, qué está viviendo y desde qué lugar está parándose para hacer una oferta poderosa para otros, si ella está sintiéndose, a lo mejor, angustiada. Sí, tienes razón.

(16:01) **Ella no compraría el curso…**

(16:06) Mira, no lo va a comprar. Pues, claro, ella dijo: "Yo ni loca me gastaba ese dineral en este entrenamiento". Claro, sí, mira qué poderoso. Es que yo creo que el contexto que decías hace ratito, la crisis, nos está tocando a todos de muchas maneras, y como colaboradores en la empresa, pues, a todos nos genera conversaciones. Unos, más de inseguridad; otros, de ahorro; otros, de lo que sea; y a lo mejor, yo creo que eso me ha faltado con todo mi equipo. Como que hemos hablado de la crisis de resiliencia, pero no. No con todos, porque sí he tenido conversaciones muy profundas con algunos miembros del equipo, de qué les pasa. Yo he sido como ese líder coach, que está con ellos; pero con ella no lo fui, porque es la de ventas, la mera mera. Entonces, como nos está costando el trabajo... Yo creo que esto me está ayudando mucho, porque me estoy dando cuenta de varios niveles en los que, pues, creo que si queremos crear algo diferente juntas, el contexto no lo podemos cambiar, pero sí puedo cambiar yo, como líder, estar más cerca en la relación, ver lo de esa culpa o ese adeudo, y a lo mejor, ella ver cómo ha afectado la crisis en su mente y en sus conversaciones de venta.

(17:55) **¿Qué aprendiste hasta ahora?**

(18:00) Esto es muy útil… Lo estoy sintiendo muy efectivo, porque yo, fíjate que estaba viniendo desde la culpa, preguntándome: "¿Qué le habré dicho o hecho que está deprimida?". Pero no, es que son tres cosas: una cosa es lo que nos está pasando a todos, el contexto; la otra es lo que me está pasando a mí y la relación… Son cuatro: yo, la relación, ella y el contexto. Y creo que si lo platicamos juntas, probablemente, vamos a poder crear algo nuevo.

(18:46) **Analía, ya tenés un plan de acción. ¿Se te ocurre que podés llegar a tener algún obstáculo para mantener esa conversación, para poder dar seguimiento a esto que estamos hablando?**

(18:54) Creo que lo único que me podría impedir hacer esto es que tuviera yo prisa. Es decir, como que necesito hacer una agenda, un espacio, una horita no para platicar sobre ventas ni nada, sino para platicar sobre esto, y creo que si no lo hago, no lo voy a hacer bien. Porque lo vamos a hacer a la mitad de una junta, que estamos viendo quién sabe qué, y yo creo que esto amerita una sesión rica entre las dos.

(19:29) **¿Vas a necesitar algo más para poder hacerla? ¿Algún tipo de apoyo? ¿Algún tipo de recurso?**

(19:40) Creo que lo que más tendría que trabajar en mí sería empezar la relación abierta, abriéndome, así fluyo diciéndole "No me gustó oírte deprimida y me hice cargo de explorar qué me pasó a mí con eso", y entonces, ya decirle que siento que me ha dado mucho y que eso a veces me genera culpa. Y pues, a ver ahí qué sale. A lo mejor siento que debo recordarme empezar por ahí, para que no me vuelva su queja, sino que podamos estar en una relación de pares un ratito, explorando qué nos está pasando. Yo creo que eso sería bueno para mí.

(20:32) **Quiero reconocerte por tu vulnerabilidad y disposición a explorar y clarificar tu liderazgo. ¿Cómo querés terminar la sesión, Analía?**

(20:42) Yo creo que primero, agradecida contigo, porque esta relación es muy importante para mí. Entonces, creo que tengo un caminito. Y la segunda, pues, llevándome en mi corazón que siempre las cosas son de muchos niveles, y que, como líder, si puedo ver varios niveles, voy a poder ser más efectiva, sobre todo, en una época como esta, donde el contexto afecta todos los otros niveles. No hay nada más allá afuera, sino que todo nos impacta. Entonces, me sirvió mucho, como líder, recordar que esto está arriba, viendo el contexto completo, no nada más el pedacito de la venta o de la actividad o la operación. Entonces, me voy agradecida.

(21:37) **Muchas gracias, Analía. ¿Te parece bien todavía, que use esta grabación con fines didácticos?**

(21:41) Sí, claro que sí.

(21:42) **Muchas gracias. Lo aprecio mucho.**

Sesión con Daniella

(00:01) **Hola, Daniella, gracias por aceptar mi invitación a esta sesión de Coaching del día de hoy.**

(00:09) Al revés, gracias a ti. Te agradezco mucho. La que lo necesita soy yo.

(00:14) **Gracias por dejarme grabarla y utilizarla para nuestro libro. ¿Qué te gustaría trabajar en la sesión de hoy?**

(00:22) Mira, quiero trabajar un tema que tengo en mi cabeza por años, pero ahorita es como que me explotó. Entonces, quiero organizar mi mente. Me siento saturada, verdaderamente saturada, creo que estoy trabajando mucho. Algunas son cosas de paga, otras son cosas voluntarias, hago mucho trabajo voluntario. Estoy en muchos grupos que no me pagan, pero quiero estar en ellos. A todo digo que sí, y soy responsable. Creo que desde el COVID-19, este mundo virtual me rebasó, por el tema de que trabajo muy de noche, desde tempranito y en pijama ya estoy en la computadora pegada, y eso, tengo un problema: que todo me gusta. Todo lo que hago me gusta, no puedo elegir. Si ahorita tuviera que elegir dejar algo, me dolería bastante. Lo que hago creo que lo hago con pasión, lo hago bien. Aparte, ese es otro tema, que soy un poco perfeccionista y quiero hacer todo muy bien. Y me encanta todo en lo que me meto, pero es *too much.* Estoy cansada. Estoy desvelada. Duermo poco y eso… Como que necesito aprender a decir que no.

(01:50) **¿Qué sería un buen resultado de la conversación de hoy, en relación con "decir que no" y en relación con esta saturación de la que estás hablando?**

(02:00) Un buen resultado, para mí, sería poder decir "no" sin sentirme culpable y sin que otros me escuchen agresiva. ¿Cómo hacerle? Ese sería un gran resultado de esta sesión para mí. Y, sí, eso más o menos, entender qué me pasa y no sentirme culpable.

(02:34) **Entonces, tu hipótesis es que una de las razones por las cuales no decís "no" es que te sentís culpable… ¿Qué más?**

(02:46) Siento que tiene mucho que ver cómo soy, el querer complacer, querer quedar bien con todos y más, más en el fondo, que todo lo que me propone todo el mundo me emociona, se me hace lo máximo, me encanta. Creo que está buenísimo y quiero todo, me quiero comer todo el pastel; pero siento que este último año, sobre todo, creo que la pandemia tuvo mucho que ver con esto, como que invadió mi espacio y no hay horarios. Trabajo de noche y trabajo muy temprano y me saturé. Entonces, eso, el querer complacer, el quedar bien y el querer abarcar mucho.

(03:46) **¿Por dónde te gustaría que empecemos a explorar este tema que estás trayendo relacionado con el decir "no", tu saturación y tu cansancio?**

(03:59) Creo que quizás deberíamos empezar con por qué me hago esto. Bueno, por qué no me animo a decir "no". O sea, quiero ese espacio de autorrespeto a mí misma y honrarlo sintiéndome bien. Entonces, creo que me gustaría empezar con qué me está pasando a mí, qué estoy sintiendo yo, que pudiera mover la hoja un poquito y no sentirme culpable al decirlo.

(04:55) **Usaste la palabra "autorrespeto".** ¿Cómo pensás que serías vos **si tuvieras un mayor nivel de autorrespeto? ¿Qué sería diferente?**

(05:20) Creo que tiene que ver con cuidarme a mí. Para mí, el autorrespeto es como decir: "Hasta aquí llegué". Tiene que ver con mi cuidado, con respetar mis límites. Creo que los estoy sobrepasando. No me estoy cuidando, y por eso estoy cansada, y por eso no duermo. Y como quiero que todo quede perfecto, me autoexijo demasiado. Quizás ahí está el tema, en la autoexigencia, en querer estar en todo.

(06:05) **Hay una expresión en inglés, "FOMO", que viene de *fear or missing out*. ¿La conocés? Es el miedo a decir que no y perder oportunidades de vivir experiencias relacionadas con el aprendizaje, la diversión…**

(06:35) La había escuchado.

(06:37) **Es muchas veces lo que hace que mucha gente diga "sí" cuando quiere decir "no". ¿Qué reacción tienes cuando comparto esta idea?**

(06:53) Me pega, claro que me pega, porque quiero estar en todo. Quiero estar en todo, pero no se puede. Por ejemplo, te juro, ayer estuve trabajando y entre los *breaks* que tenía me acostaba aquí, en el sofá, a cerrar los ojos un minuto y decirme: "No puedo, no puedo…". Entonces, creo que ese cuidado de mí misma, junto con el FOMO que me ataca, como que es una amenaza. Es como que se me antoja decirle: "No te me acerques; vete para allá y no te me acerques ahorita, porque no se puede". Quizás sea cosa de elegir, quizás sea cosa de escoger. Ahorita tengo un tema familiar del que quiero participar, y quiero tomarme dos meses, y me siento sumamente culpable. Como que me animo y luego no me animo, porque me entra el FOMO: "No me sea que me vaya a perder todo lo que va a pasar en esos dos meses". Y, sí, sí… Creo que me estoy descuidando, descuidando mi bienestar, mi cuidado.

(08:22) **Si tomás distancia y ves tu realidad desde una visión de dron y mirás tu vida desde el punto de vista que acabás de mencionar, el respeto por vos misma, tu cuidado, ¿qué ves?**

(08:37) Me siento como que estoy corre y corre y corre carreras. Así me voy corriendo y corriendo y en el camino me dan un agua y la tomo, y en el camino alguien me da una banderita y la tomo, y en el camino alguien se para y me dice "vente a comer" y voy. Me siento, viéndolo desde arriba, como en una carrera donde no me tomo el tiempo para respirar y descansar y tomarme el agua. Tomo y tomo y tomo cosas, y me las llevo, y como que me falta pararme a tomar, quizás, a disfrutar, a ver para atrás, a respirar. En vez de sentir que tengo que cumplir una cosa, y acaba mi videollamada y me voy a la que sigue, y acaba y me voy a la que sigue. A veces corto una y ya me metí en otra y entré tarde, como que me toca, viéndome desde arriba, un relax. Entrar en una, pero en el medio salir a mi terraza y ver mi limonero y mis limones, y cortar unos limones, y luego volverme a meter, como que añoro ese espacio.

(09:49) **¿Y qué vas a necesitar hacer o ser para conseguir ese espacio que estás añorando?**

(10:03) Creo que un poco de aceptación, aceptación de que lo que tengo está superbien, e ir más despacito, bajar la velocidad. Va a requerir tener que decir que no a algunas cosas. Elegir, quizás. Elegir qué sí quiero. Y sabes qué va a requerir, no me vas a creer lo que te voy a decir, no es una acción. En inglés se dice *courage*. Se necesita coraje. Yo necesito tener el coraje, es decir la valentía de poder elegir tranquilamente hacia dónde, con quiénes, a qué horas. Organizar la mente y tener esa valentía, que es la que no tengo. Eso es lo que me falta: la valentía, el coraje. Digo que lo hago, pero no lo hago.

(11:24) **Si te visualizaras desde afuera como la Daniella valiente que elige con autorrespeto, que se cuida, que disfruta, que para a buscar los limones, que para a tomar agua en la carrera, ¿qué ves?**

(11:57) Pues, me veo dando mucho más de mí misma. Aportando más, teniendo más fuerza, aguantando más la carrera. No voy a dejar de correr, porque me encanta, como el ejercicio que haces de calentamiento, para que la carrera al final sea más fuerte... Aparte, por atrás de todo esto está el querer quedar bien, el no decir "no" por miedo a quedar mal, el estar en paz. Encontrar esa paz creo que es lo que me urge. Eso es lo que siento.

(12:58) **¿Qué se te ocurre que podrías hacer para llegar a alcanzar esa paz?**

(13:30) Yo creo que número uno es decidirlo. Número dos es elegir, quizás, hacer un ejercicio: esto es lo que tengo, tener bien clara mi visión. Adónde quiero ir, qué es lo que sí quiero en verdad y qué me va a llevar como un GPS. Me invitaron a una Federación de los valores de la mujer y me emocioné, y casi digo que sí. Y me dije: "¡Ey! No lo puedo tomar en este momento". No tengo que decir que no para siempre. Entonces, creo que mi acción va a ser sacar mi GPS constantemente y tener bien claro hacia dónde quiero correr o ir y priorizar. Pero priorizar esas cosas que me gustan, que me dan mucha alegría, porque de eso se trata disfrutar el camino. Y a todas las otras cosas que se me aparezcan, poder decir "ahorita no". Entonces, mira, mi acción de inmediato sería hacer un ejercicio de mi visión de hacia dónde quiero ir profesionalmente, y en lo que tiene que ver con mi familia. No es fácil, no es un ejercicio fácil. Y luego empezar a elegir.

(15:04) **Interesante, porque desde que empezamos la conversación, la palabra que tenía en el background, era "elección", qué elecciones estabas haciendo y cómo priorizabas, basada en la alineación con tus valores, prioridades y objetivos. Hablaste de un montón de cosas que son explorables, hablaste de la culpa, de querer complacer. En el futuro, cuando tengas que tomar tus próximas decisiones y hacer estas elecciones, ¿qué vas a hacer diferente, teniendo en cuenta lo que hablamos hoy acerca de tener mayor claridad y mayor alineación, autocuidado y autorrespeto?**

(16:53) Mira, yo no lo había estructurado así. Yo... en mi cabeza son vocecitas: "culpa", "hazlo bien", "es tu oportunidad de sobresalir", "es tu oportunidad de que te vean", "muéstrales", "tú puedes". Son como voces que me dan vuelta, no lo había estructurado así pero ahí están la culpa y también la pasión. No lo quiero decir, pero más bien la ambición, la ambición me juega a mí un papel muy fuerte, porque soy una persona con mucha ambición. No me quedaría sentada en mi jardín con mi limonero. Créeme que esa no sería mi visión de vida jamás. Pero sí creo que me di cuenta ahorita, al platicar contigo, que este "correr,

correr, correr" lo único que está haciendo es que no me cuide, y puede hacer que me tropiece. Entonces, sí, poner prioridades de dónde quiero estar, creo que eso es lo que me va a dar la paz. Me encantó.

(18:16) **¿Cómo te gustaría terminar la sesión de hoy?**

(18:22) Ya ves que hay un dicho que dice: "El que corre más rápido no necesariamente llega más lejos". Lo dice una canción mexicana, pero "correr despacito", ahorita… es como… "date permiso". Me estoy permitiendo, ahorita, darme una pequeña tregua, bajar el ritmo, no quiere decir que estoy dejando de correr y eso… Así quiero terminar, porque creo que si me llevo eso no voy a sentir que perdí nada. No perdí, nada más bajé la velocidad un poquito.

(19:02) **¿Y pensás que puede haber algún obstáculo para bajar el ritmo? ¿Hay algo que pueda aparecer en el camino?**

(19:07) Sí, sí… y es como el oráculo… que se me presente algo increíble y se me antoje y diga que sí y que las oportunidades son tantas ahorita y tantas cosas que se aparecen. Estoy en un momento de mi carrera que todo se aparece y tampoco quiero dejarlo. Y tengo miedo. Sí, tengo el miedo, que sería tema de otra sesión, otro día. Tengo miedo de que se me aparezca otra vez esa vocecita y me diga "tómalo, tómalo, tómalo". Ese sería mi obstáculo. Necesito el *courage* para poder decir "No, ahorita decidí el autorrespeto".

(19:47) **¿Y qué te puede ayudar en eso para que esa vocecita, entre todas las vocecitas, tenga su lugarcito y le prestes atención?**

(19:56) Estas conversaciones que tenemos. ¡Gracias! Quizás, más adelante… Esa vocecita del miedo a perder creo que me está jugando mucho. Puede ser que más adelante la abramos y la platiquemos un poquito.

(20:15) **Bueno, la seguiremos explorando la próxima sesión.**

(20:18) Gracias, gracias. Llegué un poco… ansiosa, y me voy muy tranquila. Gracias.

(20:30) **Bueno, gracias por aceptar la invitación a grabar la sesión. ¿Te sigue pareciendo bien que use esta sesión con fines didácticos?**

(20:37) Claro, claro.

(20:40) **Muchas gracias. Voy a detener la grabación.**

(20:42) Muchas gracias a ti.

Sesión con Fabiana

(00:02) **Fabiana, gracias por dejarme grabar esta conversación de Coaching que vamos a mantener. ¿Qué te gustaría trabajar en esta sesión?**

(00:13) Mirá, yo noto que estoy lenta para tomar decisiones. Entonces, lo que quiero trabajar es moverme hacia tomar decisiones en varios campos, en varias cosas, y, sí, me encantaría eso: moverme.

(00:35) **Cuando decís "lenta", contame un poco más a qué te referís.**

(00:40) Sabés qué noto, esto es nuevo para mí, o quizás antes no lo percibí, pero estoy más en los procesos, me estoy quedando más... Por momentos, hay más melancolía, por momentos, hay más procesos de definición. La definición de la decisión de cómo voy a hacer algo es más extensa que tomar acción y hacerlo. Yo antes era al revés: tomaba la acción y después creaba mi plan. Y ahora es algo... Me veo, en mi mente, yo sentada acá, en mi escritorio, y me quedo, y a lo mejor pasa el tiempo y no tomo la decisión, no la llevo a cabo, y me invento o digo que lo voy a hacer después y no lo hago. Estoy posponiendo. Posponiendo decisiones que van a cambiar ciertas cosas, porque las decisiones cambian situaciones.

(01:44) **Y cuando dijiste "melancolía", ¿qué está pasando por ahí?**

(01:53) Sí, mirá, por ejemplo, dos decisiones que tengo que tomar. Una es que tengo que ofertar las crías de mis gatos persas, y me imagino que si los vendo y se van, la idea de que ya no van a estar... Me posiciono como en un futuro negativo en lugar de pensar algo positivo. O también, bueno, estamos pensando hace rato en irnos del país, o en mudarnos... Bueno, pero si me voy... Me siento muy pesada para moverme hacia adelante. Es como si mi cabeza, por momentos, lo entiende, pero yo no estoy yendo. Y me posiciono más en la parte negativa de la imagen en lugar de ver las oportunidades que hay, las puertas abiertas.

(02:53) **Al final de la sesión, ¿cuál sería un buen resultado en relación con estas decisiones que tenés que tomar y con esto que te pasa que pareciera ser que tu cuerpo no va al mismo nivel que tu mente y tus ideas?**

(03:14) Tomar la decisión, por ejemplo, con los gatos. Tomar cualquier decisión, moverme hacia... Y un resultado muy concreto sería mirar el lado positivo de las decisiones. Siento que perdí mi optimismo. Yo antes pensaba siempre que las decisiones, las crisis y los cambios son buenos, porque traen cosas lindas o nuevas, y ahora es como que "estoy bien así", "me quiero quedar, bueno, estoy bien así". No sé... Perdí mi amazona, mi salir a la aventura. O se durmió con la pandemia... Qué se yo...

(04:00) **La pandemia nos atraviesa a todos de diferentes maneras, quizás también ahí hay algo para explorar, qué es lo que está pasando en el sistema, en la sociedad por, en este caso, la pandemia que está afectando podría ser un lugar pero, ¿cuál creés que sería un buen lugar para empezar a explorar el tema que traés hoy?**

(04:31) Mirá, dijiste dos cosas. Algo súper importante y es que ayer me di cuenta, reflexionando y preparándome para esta sesión, y pensando mis temas, que yo hasta ahora he vivido la pandemia como si estuviera fuera de mí. Yo puedo manejar mi vida, puedo hacer mis proyectos, me encierro, voy para adelante. Me autoencerré, que fue una manera de preservarme y de sacar adelante lo mío. Pero también estaba reflexionando que esto que vos decís me atraviesa a mí, yo soy parte de esta quietud que trae la pandemia, también me está pasando a mí. Me he vuelto más conservadora en este año. Más hacia adentro, más mi casa, más la calma, más la preservación. Y creo que por donde quisiera explorar es que esta preservación no me limite a lo nuevo, que no me bloquee. Yo siento que ahora estoy más paralizada y quiero volver a moverme hacia afuera, a lo mejor con otro ritmo como vos lo decís, pero, okey, me está atravesando. Ahora, hay decisiones que están esperando por mí: cómo me muevo, cómo encuentro ese ritmo medio, ese punto medio.

(06:03) **Lo que te está deteniendo para tomar las decisiones, lo que estoy escuchando, un elemento es preservarte, cuidarte de lo que está pasando en el mundo, todo lo que nos está atravesando a todos en relación con la pandemia, y eso quizás pueda estar en tu contra, en términos de tus decisiones, e inclusive ese negativismo podría tener que ver con lo que está pasando en el mundo, lo que está pasando en la Argentina... podría estar influenciando en alguien como vos que, por lo que conozco, siempre sos muy positiva. ¿Ese podría ser uno de los factores?**

(07:05) Mirá, dijiste algo que me hizo mucho sentido, sentí algo en el pecho como... para respirar. Y me dio alivio cuando entró la palabra. Siento que estoy preservando lo que conquisté: conquisté mi hogar, conquisté mi calma, conquisté mi familia de gatos, conquisté a mi marido, conquisté lo que haya hecho en mi vida, son conquistas de cada uno. Y creo que estoy enfocada en preservarlo y no me estoy moviendo, por miedo a que algo de eso cambie y haya pérdidas. Pérdidas de sensaciones. No van a ser pérdidas grandes, pero es como no sé… ¿Viste en *El Señor de los Anillos* a Smeagol? "Mi tesoro, mi tesoro… es mío, es mío…". Y no estoy diciendo "Bueno, hay más cosas en la vida, pueden entrar otras cosas lindas". Esto no es el límite de la vida, y quiero ir hacia eso, que entre ese aire, porque no puedo con esto. La verdad es que no puedo seguir sosteniendo más tiempo esta quietud. Esa es la verdadera inquietud: ya no la puedo seguir sosteniendo. Tengo siete gatos en casa, necesito tomar decisiones. Di el ejemplo de los gatos, pero en otras cosas también que están pendientes, y entonces, mi vida tampoco se está moviendo hacia adelante.

(08:44) **Una de las cosas que identificamos es esto de preservar, de cuidarte, y eso tiene un aspecto positivo. Cuidarte es importante, positivo, pero también tiene ese aspecto, como dijiste, de parálisis.**

(08:57) Sí, completamente. Eso es.

(09:00) **También, lo que estoy escuchando, decime si lo ves también, es que una voz te dice "no puedo tener en mi casa siete gatos", pero otra voz te dice "soy feliz con mis siete gatos en casa".**

(09:20) Soy muy feliz…

(09:25) **Es como si una parte tuya dijera "No podemos tener siete gatos en la casa", y otra te dice "Ah, me encantaría poder tenerlos acá". ¿Puede ser algo así?**

(09:36) Totalmente… porque yo siento que he llegado a mi punto de felicidad extremo con ellos. No tengo ningún problema en criarlos, cuidarlos, tenerlos. Mi esposo me ha amenazado con que… "Bueno, ¿cuándo se van?". Y después, yo digo, si alguien viene de visita, ¿cómo le explico que tengo siete gatos? Pero yo en el día a día estoy súper feliz. Es eso… Creo que diste en el clavo. Emocionalmente, estoy súper feliz con mi presente. Me llena. Y creo que para mí es mi punto máximo de felicidad, pero también, quizás, tengo que abrirme, dejar que entren otras cosas. No sé qué hacer.

(10:22) **¿Cómo ves esto de las voces contradictorias? Esas dos partes…**

(10:30) Tremendo… No sé, normalmente, en mi vida yo he educado lo emocional a lo racional, o sea, lo emocional iba a seguir la línea racional. Sabía que eran dos corrientes, pero lograba adecuarlas en muchos momentos. Y es la primera vez que siento que están opuestas y no se encuentran. Creo que a lo mejor un punto medio de eso sería, bueno, en vez de siete tener cinco. Quedarme con cinco. O sea, papá, mamá y tres crías, y buscar que esos dos tengan nuevos hogares. Creo que eso sería un punto de equilibrio que me dejaría con lo que me hace feliz y también daría aire a que entren decisiones. Yo siento la obligación de tomar decisiones y creo que eso me pesa.

(11:50) **¿Cuál es la consecuencia de no tomar las decisiones?**

(12:03) Qué pregunta buenísima… Mi esposo no estaría, por supuesto, muy feliz al principio, después quizás sí pero al principio no estaría muy feliz. Es una logística, porque si yo no estoy, tengo que prever una logística. Y creo que a un futuro mediano, no inmediato, pero a un futuro mediano, cuando pase esto de la pandemia y nos movilicemos otra vez y viajemos, va a haber consecuencias. Pero en mi presente y en mi futuro inmediato no veo grandes consecuencias más que convencer mi marido de que va a ser así. Yo sentiría más paz, creo, si no tuviera que tomar una decisión. Yo sentiría paz. Sabés qué me toca mucho, en el pecho estoy sintiendo, me resuena tu pregunta acá, en el pecho… ¿Cuál es el impacto? Negativo, negativo, ninguno. Ninguno. Yo puedo con mi familia gatuna. Lo puedo hacer. Puedo trabajar más, mantenerlos mejor, hacer todas esas cosas que dependen de mí… ¿Sabés qué? Ninguno. Porque cuando lo pienso, la vida es una y siempre estoy pensando en hacerlo todo bien, y que esté perfecto, y ser cumplidora y ser comprometida, y que no se digan cosas de mí. Y a veces pienso, "la vida es una, dentro de seis años voy a tener cincuenta, voy a tener la mitad de mi vida, no voy a tener muchas veces las mismas oportunidades". Entonces, también es sacarme la presión de lo de afuera. Sí, ¿sabés qué? Es eso: sacarme la presión de lo de afuera. Porque algo que no dije verbalmente, pero me recordaba era, o quizás lo mencioné pero no tanto, es que me pesan mucho las opiniones de afuera: "Ay, ¿cómo? ¿Siete gatos?", "Ah, no tiene hijos, entonces tiene gatos…". Y bueno, es mi vida, puedo hacer lo que quiera, puedo tener ese hogar. Ay, qué bueno, siento un alivio enorme.

(15:18) **Lo que estaba escuchando era que posponer, que no tomar una decisiones es tomar una decisión. Creo que al no tomar la decisión, en realidad, no lo querés hacer. Se me ocurre que significa una pérdida emocional dejar ir los gatos, mudarte, irte a otro país que tenga ventajas económicas y de otro tipo, profesionales. Además, tenés un hogar muy lindo, que supongo que debe ser difícil de dejar.**

(16:10) Sí, y a partir de esto que decís ahora, como *racconto* de lo que percibiste, me hiciste notar algo, y es que mis ritmos han cambiado y yo no me había dado cuenta. Yo pensé que seguía siendo la que se sube al caballo y va y saca el conejo de la galera y "vamos a hacerlo", y que tenía la misma energía, y no, ya no tengo la misma energía. Tampoco creo que quiera las mismas cosas que antes. Y es nuevo, creo que me estoy enterando en esta sesión. Ah, cambié, pasé a otro nivel, a otra etapa donde me hizo mucho sentido que mostraras las dos corrientes, lo racional y lo emocional, porque ahora sí estoy escuchando lo emocional. En todo. Puedo verlo. Me encanta que me lo hayas mostrado y te lo agradezco, porque lo pusiste en palabras y lo pude ver. Ahora toca introducir esto, porque me está pasando lo mismo en todo. En los proyectos que tomo laboralmente, en mi agenda. Ya no es tan importante la velocidad para mí. Guau… te súper agradezco. Es la mejor noticia.

(17:53) **Gracias a vos por estar dispuesta a trabajar el tema. Para ir cerrando, ¿cuál podrías decir que es tu principal aprendizaje de esta conversación que tuvimos?**

(18:08) Que estoy en una nueva fase. Y que es mía, que no es de demostración hacia afuera. Que es hacia adentro, es mía, es personal. No es laboral, no es brillante, no es intelectual, no es de otras cosas. Y que tengo muchísimas ganas de vivirme. ¡Eso, tengo muchísimas ganas de vivirme! En mi hogar, con mis gatos, mi familia, mi para adentro en casa, recibir a los amigos que vienen. Es la otra cosa, el compartir humano, re-humano. Y estoy súper emocionada y agradecida de que vos me lo hayas mostrado, porque no me daba cuenta de que estaba queriendo eso. Así que, ¡gracias!

(19:08) **Gracias a vos por estar dispuesta a ser vulnerable y a trabajar. Usaste la palabra "aceptación". ¿Cómo se puede traducir en comportamientos o en perspectivas? Al principio, nuestro acuerdo fue tener una perspectiva más positiva.**

(19:49) Sí, mirá, lo primero que voy a hacer es que estos días, a partir de ahora cuando cortemos, sean días de disfrutar la calma, el hogar, la introspección, lo que sea. No serán días de escritorio. Necesito darle ese lugar a mi conexión. Lo segundo, por supuesto, disfrutar de mis gatos, y realmente, ya en libertad, ya asumiendo que no voy a tomar la decisión. Es una libertad más linda. Y lo próximo, ya en términos más grandes, es que pueda tener como estrella este darme cuenta de la nueva etapa, o reconocer que estoy en esta etapa nueva, a partir de que sea la estrella para tomar decisiones. Como te decía, mis decisiones ya no quiero que sean por la velocidad o por lo extraordinario, quiero que sean primero para mí. Entonces, que sea la estrella, el filtro, el referente para tomar todas las decisiones de mi agenda. Y de hecho, tengo que tomar decisiones fuertes sobre trabajo esta próxima semana, así que lo voy a usar como balanza, como filtro. Y creo que eso ya me alivia la próxima decisión.

(21:17) **¿Puede aparecer algún obstáculo en tu camino, algún desafío para poder implementar esto?**

(21:26) No, lo que sí voy a hacer y que no dije, para evitar un obstáculo, es conversarlo con mi marido, compartir con él que estoy en un nuevo ritmo, como socios, como esposos. Que sepa que estoy en un nuevo ritmo y lo que se esperaba de mí ya no va a estar. Que no quiero que esté. No quiero que tengan esas expectativas conmigo. Pero bueno, hacer esos acuerdos para poder también darle ese lugar, equilibrarlo, hacerlo más en paz.

(22:05) **Entonces, poder hablarlo con tu esposo te va a apoyar en tu manera de lidiar y de enfrentar y navegar estas decisiones que tienes que hacer. ¿Algún otro apoyo vas a necesitar además del de tu esposo?**

(22:21) Yo creo que no. Yo creo que es ese nomás.

(22:27) **¿Cómo te gustaría terminar nuestra sesión?**

(22:33) Diciéndote que me devolviste mi sonrisa y mi felicidad. Te decía al inicio que se me había perdido mi amazona, mi aventurera, ¿sí? Ahora creo que apareció completamente, porque quedarme con todos mis gatos va a ser una aventura también, pero apareció como en otro camino, hacia otro lado. Y eso me devuelve la alegría. Como sigo siendo yo, me reencuentro, me encuentro en esta decisión loca. Yo soy de decisiones locas. Me encuentro a mí, y eso hizo que me devolvieras mi alegría, con tus preguntas y con la sesión. Así que súper, súper gracias por ser tan preciso.

(23:21) **Gracias a vos, por trabajar conmigo y dejarme grabar la sesión. ¿Todavía estás de acuerdo con que la utilice con fines didácticos?**

(23:27) Por supuesto, por supuesto.

(23:29) **Muchas gracias.**

Sesión con Alejandra

(00:03) **Alejandra, ¿qué te gustaría trabajar en la sesión de hoy?**

(00:08) Hace diez o quince días, más o menos, tomamos la decisión con mi marido de vender la casa, de cambiarnos de casa. Y bueno, es una casa muy, muy grande. Nosotros tenemos una hija y ya se mudó, entonces nos queda la casa para nosotros dos y tomamos esa decisión teniendo en cuenta un montón de cosas. Y en los días que pasaron, me aparecen sentimientos encontrados, como ambivalentes. Me gustaría reflexionar un poco sobre esta decisión, sobre lo que implica, y sobre esta ambivalencia que estoy sintiendo.

(00:58) **Al final de la sesión, en relación con esta ambivalencia y esta posibilidad de reflexión, ¿qué te gustaría que fuera diferente?**

(01:10) Me gustaría tener una mirada clara sobre las cosas que estoy sintiendo, que me están pasando. Si bien la decisión la tengo tomada. Me parece que sería un buen resultado encontrar algunos *tips* o algunas reflexiones… Sí, algunos *tips* para… a ver… Esto pasa por acá, y clarificar un poco el espacio con estos *tips* o estas herramientas. Herramientas para los días que vienen, porque lo que viene es poner la casa en venta y mostrarla y todo ese tipo de cosas, y al mismo tiempo, buscar otra casa.

(02:16) **¿Cuánto tiempo viviste en esa casa?**

(02:18) Treinta y dos años. La hicimos nosotros, la construimos nosotros, y en ese momento teníamos la idea de tener cuatro hijos, así que la hicimos grande, y después tuvimos una hija. Es un espacio muy disfrutable. Tiene jardín, tiene habitaciones grandes, tiene muchas cosas que las hemos disfrutado mucho en estos treinta y dos años. Y de pronto, bueno, hay un montón de motivos y razones lógicas para venderla y cambiarnos a una casa más pequeña, más para dos personas.

(03:01) **¿Para qué querés trabajar este tema? ¿Qué es lo que te va a permitir, al final de la sesión, tener esta clarificación?**

(03:10) Yo encuentro que en esta ambivalencia no estoy disfrutando de la posibilidad de buscar otra casa, de enamorarme de otra casa. Estoy más bien mirando lo que dejo, en lugar de adónde voy. Entonces, creo que es importante para mí, para poder poner el foco en este sueño de… a ver, cómo quiero la casa, cómo sería, qué sería cómodo, qué sería para mí disfrutarla. Eso creo que me haría muy bien.

(03:41) **¿Cuál te parece que sería un buen lugar para empezar a explorar todo esto que estás trayendo hoy en relación con empezar a vender tu casa, dejarla ir y clarificar lo que te está pasando?**

(03:58) Creo que un buen lugar sería empezar a ver cómo completar el espacio de irme de esta casa. Me parece que ese sería un buen lugar, y posiblemente, en ese tránsito empiece a ver otras posibilidades, empiece a mirar, cuando salgo a la calle, otras ofertas, otras casas.

(04:26) **Cuando decís completar, la palabra con la que yo asocio es "duelo".**

(04:38) Por ahí, sí, y por ahí, a ver… puede ser la palabra "duelo". Yo, lo que estoy… a mí lo que me llega es que me descubro en estos días mirando los lugares y recordando lo vivido en cada lugar, y por otra parte, cuando salgo a la calle y mi marido me dice "¿Querés que vayamos un rato a buscar alguna casa que nos guste?", siempre tengo una excusa. Me pregunto a mí misma y digo: "Evidentemente, no estoy buscando con ansia de disfrutar". Por otro lado, me encuentro acá, mirando, recordando momentos muy lindos, y como despidiéndome de la casa.

(05:34) **Cuando hablo de duelo, hablo de eso, de despedirte, a eso me refería.**

(05:39) Sí.

(05:41) **Fijate que vos, al principio, no te identificaste con esa palabra.**

(05:48) No… porque claro, es la primera vez que me pasa con una casa.

(05:53) **Pero también es la primera vez, en treinta y dos años, que te vas a mudar.**

(05:56) Sí, sí. Y la otra vez que me mudé, que también habíamos vivido ocho años en ese lugar, diez años, nos íbamos de una casa más chica a una más grande, y que fuimos construyendo como queríamos. Entonces, también está eso: de una casa que construí como yo quería, ahora tengo que elegir una ya construida. Entonces, ahí también hay, creo, algo: qué me va a gustar de esto y qué voy a poder cambiar o qué voy a poder hacer con esto si no me gusta. Y, sí, es un duelo, es una despedida de acá y un empezar a mirar afuera.

(06:44) **Algo que dijiste me llamó la atención. Dijiste "racionalmente, lógicamente es la decisión que hay que tomar, no hay ninguna duda y la tomamos basados en eso"; pero pensá que tal vez también hay una diferencia entre lo racional, lo lógico, lo que es mejor y lo emocional, el apego, la historia y todo lo que viviste durante treinta y dos años. ¿Cómo ves esa distinción?**

(07:07) Lo racional me indica que es momento de buscar un lugar más chico, que no nos dé tanto trabajo mantenerlo y cuidarlo y todo lo demás. También, digamos, tengo una situación del jardín con la pileta, con todo esto, que lo usábamos mucho antes, cuando estaba mi hija. Ahora prácticamente no lo usamos, entonces, hay mucho terreno desperdiciado, si se quiere. O sea, la lógica me dice también que está buena mi edad para acostumbrarme a otra casa, a una casa más cómoda, más chica, y la emoción, digamos, me trae muchos recuerdos, me trae que disfrutamos muchísimo de esta casa, que contiene, yo te diría, muchos más recuerdos lindos que de los otros. Entonces, sí, emocionalmente, es como que es diferente la decisión.

(08:12) **Y al tener claro qué es lo lógico que hay que hacer, pero emocionalmente estar en otro lado, ¿qué podés ver?**

(08:22) Puedo ver que este tránsito emocional es algo importante, que es el momento, digamos, de hacerlo, y por eso lo traje a la sesión, porque me parecía algo que por un lado me iba a ayudar mucho a impulsarme para buscar la otra casa, y por el otro lado, me iba a ayudar a reconocer y aceptar, yo diría, a reconocer los momentos vividos y aceptar esto de entregársela a alguien más, que también es algo que… lo pongo como "entregársela" porque quisiera que la persona que venga la disfrute.

(09:13) **Desde que empezaste a compartir estas ideas, la palabra que a mí me vino, lo que escribí en mis notas como primera distinción de lo que estaba escuchando fue la palabra "aceptar". Pero no te pregunté sobre esto porque quería ver si vos llegabas ahí sola. Lo que tal vez te va a permitir reflexionar y clarificar que esa aceptación te iba**

a dar una mayor paz en la decisión. Vos no dijiste esto en palabras, pero lo que escuché debajo de lo que estabas diciendo fue que si pudiste aceptar la decisión que ya tomaste, que es racional, que esa aceptación te dé una paz interna, que pase de lo racional también a lo emocional, porque así vas a poder experimentar todo desde un lugar diferente.

(10:06) Sí, yo acuerdo con vos en eso, porque me parece que entregarle la casa a alguien es posterior a la aceptación. O sea, es empezar a que cuando vengan a visitarla, yo pueda ofrecerla, contar algunas cosas, en qué les puede servir, qué valor tiene. Y me parece que eso quizás hoy me movilice, y una vez aceptado… y quizás sea parte del tránsito también. Quizás hacer esto también me ayude a aceptar.

(10:49) **¿Qué más pensás que te puede ayudar a aceptar?**

(11:18) A mí, en la aceptación, siempre me ayuda el conversarlo con otras personas, en el sentido de traer el tema a la mesa, como que estén en mí día a día. Eso es algo que yo he visto que me ayuda a aceptar. Lo otro que creo que definitivamente me ayudaría es empezar a salir a recorrer y empezar a ver otras casas, porque la sensación que tengo cuando veo casas en venta es "Huy, esa tiene esto que no me va a gustar"… Eso… Al menos saber qué tienen y empezar a hablar de lo que yo quiero de la casa, creo que también me va a empezar a hacer dar un paso en la despedida de esta.

(12:33) **¿Tenés claro cuáles son las cosas que querés en la nueva casa? ¿Tenés una lista de las cosas que estás buscando?**

(12:40) Sí, a ver… tengo una claridad general: cantidad de habitaciones, comodidades internas, nivel de la construcción. Qué más te diría… ubicación. Además, tengo esto de que cuando me mudé de la casa anterior a esta disfruté un montón la amplitud de los espacios, y tengo claro que quiero espacios amplios, donde pueda, de alguna forma, disfrutar. O sea que, más o menos, en líneas generales, lo tengo pensado, incluso lo hemos conversado con mi marido. Y también sabemos, por ejemplo, que queremos que sea en planta baja, que sea una casa, no un departamento. Bueno, en líneas generales, sí lo tenemos claro.

(13:50) **En términos de la casa, ¿qué es lo que realmente representa para vos tu casa?**

(*Alejandra se seca algunas lágrimas y hace silencio*).

(14:04) Esperá que pueda hablar... (Está muy emocionada.) Creo que representa muchas cosas. Representa que nosotros nos vinimos acá cuando mi hija todavía no caminaba. Entonces, representa todo el tránsito con ella. También representa su adultez, porque hace cinco años se fue de esta casa. Entonces, cuando se fue a vivir a otro lugar... también fue eso, verla adulta, verla autosuficiente. Representa, también, con mi marido, tener una convivencia que ha sido, y sigue siendo, muy linda en estos años. Entonces, pasaron muchas cosas en la pareja, la búsqueda del hijo, muchas cosas, y sin embargo, en la pareja siempre sentimos, o por lo menos siento yo, esto, que nos queremos, que estamos consolidados. Esta pandemia, por ejemplo, nos trajo muy lindos resultados al estar conviviendo más, porque él trajo su oficina acá. Entonces, representa muchas cosas, yo te diría que representa amor y representa logros. Cosas muy lindas vivimos aquí con nuestros hermanos, con nuestras familias. Es una casa que sirvió mucho, porque, como es la más grande, las reuniones familiares se hicieron acá. Cuando mi hija invitaba a todas sus amigas, tenía piscina, tenía lugares para ir y la disfrutó muchísimo. Cuando con mi esposo invitábamos a los amigos... O sea, tiene muchos y muy lindos recuerdos. Creo que lo que representa es bien importante en mi vida... Y es interesante, porque también marcó mucho de mi desarrollo como ser humano, de mi disfrutar con otras personas, y yo la siento como un lugar cálido, un lugar de mucha contención, de mucho amor. Entonces, eso, creo que diciendo esto, la pregunta o la reflexión que me aparece es el desafío de construir un lugar así entre otras paredes. El desafío, y digo desafío porque el amor se va a ir con nosotros, sin embargo, va a haber otras paredes donde estar. Entonces, el desafío de ponerle tanto amor como le pusimos a esta, creo... Huy...

(*Silencio*).

(17:46) **¿Qué es lo que vas a dejar en la casa y qué es lo que te vas a llevar?**

(*Silencio*).

(17:54) Creo que lo que voy a dejar va a tener que ver con una elección de lo más importante, porque nos vamos a ir a una casa más pequeña. Pero, al mismo tiempo, si me fijo en lo que dejo... Por ejemplo, hay muchas cosas de mi hija que todavía están acá. Eso va a desaparecer de por sí. Entonces, creo que lo que nos vamos a llevar es lo más importante desde el punto de vista, digamos, de muebles y de cosas así, pero creo que lo más importante que nos vamos a llevar es a nosotros mismos: el apoyo, el amor, el saber que no importa el lugar sino que estemos juntos. Y creo que mi esposo también vive el desafío de esta forma, porque yo lo he observado estos días y él también es como que estuviera mirando la casa con más tiempo, y mirando una habitación u otra. Entonces, creo que es un proceso que estamos viviendo juntos, y eso también me lo llevo. Me llevo este proceso vivido con él.

(19:12) **¿Cómo pensás que esto te puede permitir enfrentar lo nuevo? Tenemos que ir terminando. Lo que querías conseguir con la sesión de hoy, clarificar estos temas para relacionarte con la búsqueda de una nueva casa desde otro lugar, ¿qué pensás que podés aplicar para eso?**

(19:31) Mirá, me llevo bastante. Me llevo toda esta mirada emocional de lo que viví acá y del sentido que tiene para mí la casa. Creo que me llevo tres herramientas: una, el salir a buscar otra casa, empezar; la otra es practicar conversaciones como esta con la gente cuando venga, y pensar qué voy a mostrar y qué voy a decir de la casa; y la tercera es esto de empezar a comentarlo con los amigos y empezar a hacerlo realidad, digamos, en las conversaciones. Esas tres cosas me llevo.

(20:15) **Una reflexión: yo hace un año me mudé a una casa nueva, así que tengo una relación con el tema del que hablaste, pero desde otro lugar, porque me mudé a una casa más grande. La pareja que vivía en esta casa le puso mucho amor, mucho. Es una casa preciosa. Yo pensaba que si hubiera estado en el lugar de ellos me habría costado dejar ir una casa así, con todo el trabajo, el esfuerzo y el amor que le pusieron, porque tiene detalles de muchas cosas. Pensaba en si algún día tengo que dejar esto... Qué difícil va a ser... Y hace solo un año que vivo acá, justamente pensando y sintiendo eso. Comparto esto con vos porque una cosa que se me ocurrió es que en este proceso, quizás, vos también puedas elegir a la gente a la que le vas a dejar la casa. No solamente el hecho de buscar una casa, que a veces también puede tener otros elementos que vos ahora no estás pensando, que pueda tener cosas que son mejores para vos en este momento de tu vida. Por eso te preguntaba cuáles**

son las condiciones para que vos puedas ver, tal vez, algo que no tengas ahora y que puedas llegar a tener.

(21:36) Eso es interesante, porque mucha gente que ha vendido su casa me dice que a veces sintieron un *feeling* especial con la gente que iba a verla, y con otros no. Es como que deciden y yo me pregunto cómo es eso de decidir, así que es interesante para pensarlo. Gracias.

(21:56) **¿Cómo querés terminar la sesión?**

(21:59) Agradeciéndote. La verdad es que me gustaron mucho las preguntas. Me quedo con varias de las preguntas que hiciste. ¿Cómo vivir esto emocionalmente? La diferencia entre lo racional y lo emocional. Cómo, de alguna forma, poder hacerlo uno. También me quedo con la palabra "desafío", con qué significa este desafío para mí. Así que, gracias.

(22:24) **Gracias a vos por dejarme grabar, y una última reflexión. Cuando yo te pregunté qué representa la casa para vos, lo que me vino a mí, visualmente, es que también la casa representa la vida, que nosotros, en nuestra vida, vamos creciendo, vamos desarrollándonos, de una casa chica pasamos a una casa grande, y a veces, de una casa grande a una casa chica. Esto, me parece, representa al ciclo de la vida.**

(22:48) Qué lindo.

(22:50) **Y hay algo también ahí para mirar, lo que representa, puede haber otras cosas más que también estén representadas, que por ahí no estén muy en tu conciencia, que puedan tener que ver con eso quizás, con el ciclo de la vida. Te lo dejo para que lo reflexiones.**

(23:09) Gracias, porque sí, para mí era como pasar a un lugar más chico, pero no lo había relacionado con un ciclo natural de la vida. Así que está bueno verlo. Gracias.

(23:20) **Gracias. ¿Seguís pensando que está bien que utilice esta grabación con fines didácticos?**

(23:23) Sí, claro. Podés utilizarla.

(23:26) **Gracias nuevamente. Te agradezco mucho tu tiempo.**

Sesión con Diego

(07:52) **Diego, gracias por aceptar la invitación para hacer esta demostración de Coaching y también por aceptar que la grabemos. De todas maneras, al final me podrás decir si preferís, por alguna razón, que no se comparta. No hay ningún problema.**

(07:54) Perfecto.

(07:55) **¿Tenés alguna pregunta o algo que quieras decir antes de que empecemos?**

(08:00) No, tal vez me asalten un poco los nervios. Tengo ansiedad y nervios por la invitación, por haber aceptado. Ser tu cliente hoy pasa a formar parte de algo que he venido trabajando, y es mi vulnerabilidad como coach. Entonces, gracias por ayudarme a darme este permiso para seguir en ese proceso.

(08:25) **Gracias por reconocerlo. Cuando uno hace una demostración también se expone. No solamente le sucede al cliente sino también al coach, y aunque tenga muchos años de experiencia, cuando uno ve que hay setenta personas observando, no importa cuánta experiencia tenga, quiere asegurarse de hacer el mejor trabajo posible. Entonces, por esto, yo también puedo estar un poco nervioso, pero qué bueno que lo podamos decir, porque al articularlo y al decirlo, lo dejamos ir.**

(08:59) Tal cual.

(09:00) **¿Algo más que necesites para dejar ir esto y estar más presente en la conversación?**

(09:04) No, creo que necesitaba decirlo para soltarlo, y creo que eso me permite estar aquí *presente* contigo ahora.

(09:11) ¿Cómo te gusta iniciar tus sesiones de Coaching? ¿Hay algo que te gusta hacer?

(09:24) Cuando tengo esa sensación en ese momento y puedo soltarlo, ya eso me ayuda a centrarme y a estar en el aquí y en el ahora.

(09:37) **Perfecto. Yo, a mis clientes, les pregunto cómo quieren empezar la sesión, qué quieren hacer. Porque a algunos clientes les gusta hacer una respiración, una visualización, pero no a todos.**

¿Cómo te gustaría empezar la sesión de hoy?

(09:52) Me gustaría empezar agradeciéndote y ya. Estoy dispuesto. Ya estoy aquí dispuesto para trabajar el tema que traigo hoy.

(10:06) **Entonces, ¿qué te gustaría trabajar en la sesión de hoy?**

(10:11) Vengo con un desafío desde hace tiempo, y creo que lo incorporé tal vez más en mi ser cuando hice o cuando cursé mi carrera como ingeniero de software y aprendí a ser *multitasking*, a hacer dos mil cosas a la vez. En algún momento me funcionó. En el desarrollo de software funcionaba mucho hacer varias pruebas al mismo tiempo. Sin embargo, ahora que estoy a cargo, dirigiendo la organización con mi esposa, me he dado cuenta de que no estoy siendo muy efectivo con mi tiempo, y he identificado que es por hacer muchas cosas al mismo tiempo, muchas tareas, varias actividades. En este mundo del emprendedor tienes muchas cosas por hacer, y siento que no estoy siendo efectivo con mi tiempo, y veo que viene desde ese aprendizaje de la carrera, tal vez.

(11:16) **Y hoy, en esta conversación, ¿cuál sería un buen resultado en relación con ser efectivo con tu tiempo y el *multitasking*?**

(11:26) Identificar... Identificar qué necesito hacer para enfocarme más en tareas específicas y no hacer de todo al mismo tiempo. Qué necesito empezar a hacer.

(11:44) **¿Y para qué quieres trabajar en la conversación de hoy el manejo de tus tiempos y el *multitasking*?**

(12:00) Hay varios temas, pero pienso que el primero es la tranquilidad de la cabeza. Como que a veces estoy todo el tiempo procesando ideas, procesando ideas... Y eso no me deja descansar, y a veces siento que no descanso lo suficiente, y esto no me permite ser más productivo en el día.

(12:34) **¿Por dónde te gustaría empezar a explorar esto que estás trayendo en relación con el manejo de tu tiempo, el *multitasking*, y eventualmente, llegar a conseguir esa mayor tranquilidad de la que estás hablando?**

(12:48) ¿Por dónde me gustaría empezar? Con esa pregunta me surge una pregunta hacia mí y es "¿para qué estoy haciendo el *multitasking*? ¿Para qué hago tantas cosas al mismo tiempo? Y el preguntarme eso en voz alta me genera una sensación en las manos. ¿Cómo voy a hacer algo más? Y de la sensación de las manos pasa al pecho, me genera calorcito… Y siento que el "para qué" es como, tal vez, ocupar los espacios vacíos en los que siento que no estoy haciendo algo y necesito ocuparme. Tal vez eso es lo que veo en este momento.

(13:59) **¿Qué te parece seguir explorando esto de ocupar espacios vacíos? ¿Qué más se te ocurre relacionado con eso si seguís asociando?**

(14:11) Ocupar espacios vacíos, con esta sensación que tengo en el cuerpo en este momento… Tal vez me llega como… tal vez nunca me he preguntado en voz alta para qué… Y al seguir profundizando un poco más, tal vez encuentro que puede ser una necesidad de control… Puede ser una necesidad de control.

(*Silencio*).

(14:49) **¿Qué sería lo que estás controlando?**

(14:57) No sé si lo estoy controlando.

(15:01) **O intentas.**

(*Silencio*).

(15:02) Intento controlarlo. El tiempo. Intento controlar el tiempo, y cuando digo "intento controlar el tiempo" quiero decir, tal vez, que intento gestionarlo, pero no… Tal vez no lo gestiono adecuadamente para mí. Y, sí, intento controlarlo. Intentar controlarlo es ocupar los espacios vacíos haciendo algo u ocupando a alguien más en esos espacios en los que yo siento que no estoy haciendo nada.

(15:39) **Estoy escuchando "espacios vacíos", "ocupando espacios" y "haciendo nada". Cuando escuchás estas dos cosas, si las pudieras ver en una mano cada una, "ocupar espacios vacíos" y "hacer nada", ¿qué se te ocurre que podrías ver?**

(*Gesto con ambas manos*).

(16:01) Tienen mucha similitud. Yo pienso que el espacio vacío y el hacer nada es como si no hubiera algo ahí que necesitara ocupar, y no sé si necesito ocuparlo. No sé si necesito ocupar el espacio vacío o el hacer nada, sino que simplemente hay espacios que está bien que estén vacíos, y hay espacios en los que está bien que no haga nada, en los que mi cabeza no esté procesando números, estrategias, clientes, sino, tal vez, vivir esos momentos y darme el espacio de vivir esos momentos de espacio vacío.

(16:49) **¿Qué requeriría de tu parte que pudieras abrazar esos espacios vacíos?**

(17:01) En este momento me da la sensación de tener que tomar algo...

(*Toma su taza de café y se la lleva a la boca*).

(17:09) **Yo estoy tentado también, tengo mi café acá... así que también voy a hacerlo.**

(*Ambos toman café*).

(17:20) ¿Qué requeriría de mí...? Yo creo que esto primero es... este tema, puntualmente, nunca lo había traído a una sesión de Coaching, y sé que está desde hace mucho tiempo, pues viene desde la carrera, hace muchos años atrás. Creo que lo primero que requería era ponerle atención, que es lo que estoy haciendo en este momento. Traerlo, hacerlo verbal, y públicamente, porque, aunque me siento solo contigo, sé que hay más personas. No he mirado el número ahí debajo, no sé cuántos están en la sala, pero creo que era importante sacarlo, hacerlo público verbalmente, más allá de que con mi esposa sí lo hablé. Eso, uno. Y dos, tal vez, ponerle atención a si es necesario ocupar los espacios vacíos, o si simplemente son espacios que está bien que se presenten.

(*Silencio*).

(18:28) **¿Cómo se relaciona esto con el acuerdo que tenemos para la sesión de Coaching de hoy, que esté relacionado con poder identificar en esta relación con el *multitasking* tus decisiones, tus elecciones, eventualmente, para llegar a una mayor tranquilidad y descanso? ¿Qué ves?**

(18:54) He identificado que el *multitasking* va muy asociado a querer ocupar espacios que, tal vez, en la conversación me he dado cuenta de que no es necesario ocupar. Y al darme cuenta de eso, y al verbalizarlo, y al ponerlo en el espacio vacío o en los espacios en blanco, me doy cuenta de que el *multitasking* en mi cabeza está pensando en ocupar el espacio. Y tal vez no está cimentado que también está bien no hacer nada, también está bien no pensar, también está bien darte ese espacio de no pensar. No solamente hacer lecturas técnicas sino leer una novela, o darme esos espacios... Me llevo eso, me llevo esa sensación de no hacer nada. Sin embargo, al decirlo me genera sensación. El "no hacer nada" me genera algo.

(20:04) **¿Qué creés que puede estar ahí, en esta sensación física que estás teniendo, cuando pensás en no hacer nada?**

(*Silencio*).

(20:15) Tal vez la quietud, siento que me cuesta quedarme quieto. Y pensar en un espacio vacío o pensar en no hacer nada me genera calorcito, y me genera hacer movimientos para no dejar de hacer algo. La quietud, tal vez. Tal vez mi mente necesite más quietud, y esa quietud me lleve a dejar de hacer tanta multitarea. Tal vez me permita tener un mejor descanso. Voy a apuntar eso.

(21:26) **Si seguimos profundizando, ¿qué pasaría si alcanzaras esa tranquilidad, ese descanso, esa *quietud*, ese no hacer nada?**

(*Silencio*).

(21:58) Me viene el tema que tal vez viene, y es la necesidad del control, ¿verdad? Al pensar que no estoy haciendo algo, tal vez no controlo qué está pasando con mi entorno y tal vez no sea necesario controlarlo. Tal vez el entorno también necesite un espacio de descanso. Y posiblemente esa pausa –quiero apuntar lo que estoy diciendo, aunque quede grabado–, posiblemente esa pausa lleve a una mejor productividad, no solo mía, sino también del equipo de trabajo y de los que me rodean. Al querer ocupar todos los espacios, al querer ocupar el tiempo, no hay quietud, y eso no permite un buen descanso de mi cabeza, y por ende, tal vez, del resto de los que me rodean.

(23:01) **O sea que esto no solamente influye en ti, sino también en tus interrelaciones.**

(23:08) Sí, en todos los que están a mi alrededor.

(23:14) **Además del control, ¿puede ser que haya alguna otra cosa?**

(23:20) Además del control... por lo menos no identifico aún. Puede que sí, pero no la tengo identificada...

(*Silencio*). No sé.

(23:37) **Si supieras, no estarías acá, en Coaching. Para eso es el Coaching, para ver lo que no tenemos identificado. A ver, ¿qué más puede haber ahí? Tomate un minuto, pensá un poco más. Tomate tu tiempo.**

(*Silencio*).

(24:07) Tal vez… puede ser… y me genera que se entrecorte mi voz, sentir la necesidad de ser necesitado… o atendido. Como necesidad de atención. Y eso sí. Puede ser eso. Ahí está, hay mucha, tal vez, necesidad inconsciente de atención. Tal vez, inclusive, de mí mismo, y claramente de los que me rodean, a los que les ocupo el tiempo de una forma no tan sana. Tal vez, necesidad de mayor atención. Y al decirlo me siento como livianito, como sí… más livianito… al identificar que tal vez esa necesidad de atención, de querer ser atendido, de querer estar ahí, es una cadena hacia lo que venimos conversando. Siento una necesidad de atención que hace que ocupe el tiempo, que no permita que tenga una quietud, y por ende, ocupo espacios vacíos y espacios de tiempo que no me permiten tener un buen descanso… ¡Brutal!

(*Silencio*).

(25:56) **Y con esto de lo que te acabás de dar cuenta ahora, porque necesitamos ir empezando a cerrar la sesión, con este *insight* que has tenido, ¿cómo podés traducir eso en quién vas a ser como líder, trabajando con tus colaboradores y contigo mismo, en relación con el *multitasking* y con alcanzar una mayor tranquilidad?**

(26:34) Siento que al haber identificado esto, esa raíz, siento que me libera un poco. Me libera de unas responsabilidades y de unas cargas que tal vez estaba llevando por querer ser protagonista de algunas situaciones. Necesito conversarlo profundamente conmigo nuevamente, como para reorganizar las ideas y darme cuenta de que estaba buscando más atención que otra cosa, y darme cuenta de que no necesito estar encima de mí, ocupando mi cabeza y mis espacios, para poder tener un espacio en el equipo, un espacio en alguien más.

(27:28) **¿Cómo se podría traducir esto en algún comportamiento, algo específico que te gustaría hacer?**

(27:46) Específico, ahí hay dos situaciones que creo que pueden apoyar a seguir en el proceso, y una es conversarlo con mi esposa, abiertamente y en una conversación chévere que siempre tenemos con este tema puntual; y dos, darles tiempo a las situaciones. Identificar esta sensación, que me daba al principio, de no saber, identificarla y saber que en esos momentos en los que no estoy haciendo algo, volver a traer esta conversación para decirme "No, no es que no estés haciendo algo; simplemente, te estás dando un espacio donde no ser el protagonista ni llamar la atención". Y tenerlo ahí como anclado, como proceso en la sensación, me ayudaría a tenerlo más presente para seguirlo trabajando. Es un proceso…

(28:51) **Entonces es importante que puedas identificar también que son dos cosas distintas: una es querer hacer varias cosas a la vez y otra es hacer o no hacer. Me parece que suena más como que en realidad es tomar espacios para pensar o no hacer. En vez de hacer varias cosas a la vez, no hacer nada o hacer una a la vez. Tampoco llegamos a explorar si, en vez de hacer *multitasking*, podrías hacer una cosa a la vez. Eso queda pendiente para una próxima conversación.**

(29:33) Sí, pero pienso que tiene mucho que ver. Porque al momento de hacer la pausa, dejo de hacer muchas cosas a la vez y hago una cosa, estoy haciendo la pausa. Pero puede que yo esté haciendo una pausa de algo y mientras tanto esté con el celular o respondiendo un e-mail o un whatsapp, y la pausa se convirtió en tres o cuatro actividades más.

(30:00) **Yo también, a veces, hago *multitasking*, y lo que me sirve es *mindfulness*, en el sentido de prestar atención y tener mayor conciencia cuando uno está haciendo *multitasking*.**

(30:15) Lo veo. Hice el curso, pero no lo puse en práctica…

(30:21) **O sea que todos sabemos lo que tenemos que hacer pero no lo implementamos como nos gustaría. Y antes de que terminemos, brevemente, ¿se te ocurre algo más que puedas hacer en relación con esto?**

(30:42) Yo pienso que el objetivo específico, algo puntual que voy a hacer es tener una conversación con mi esposa, como para también descargar un poco, tal vez, la carga que tenga ella en mi *multitasking*. Dos, incorporaré, y tal vez no lo quise pronunciar por el tema de la vulnerabilidad, pero incorporaré nuevamente mi práctica de *mindfulness*, porque cuando lo hice juiciosamente me ayudó; y tres, estaré más atento a la sensación cuando sienta que estoy haciendo más de una cosa a la vez o cuando esté en una pausa y necesite hacer esa pausa. Creo que específicamente me llevo una conversación, incorporar la práctica nuevamente del aquí y ahora con respiraciones. No tiene que ser mucho tiempo, pero sí quisiera... Inicialmente, necesito programarla en una agenda, para poder tener el espacio y hacerlo. Eso me llevo.

(32:01) **Buenísimo. Bueno, Diego, muchas gracias por haber participado.**

(32:04) A ti.

(32:05) **Yo me quedé con ganas, te voy a decir, antes de terminar, de hacerte una pregunta. No tenemos tiempo, pero te la dejo para que la pienses. Tiene que ver con el tema del control. ¿Qué pasa si sentís que no tenés el control? ¿Cuál es la consecuencia?**

(32:28) Gracias.

(32:29) **Te la dejo porque la tenía pensada y estaba esperando el momento apropiado y no llegó. A veces nos pasa, como coaches, que tenemos pensada una pregunta y no podemos hacerla. Yo se las dejo a mis clientes para que la piensen para la próxima.**

(32:42) La apunto, gracias.

(32:44) **Gracias a vos, por participar y aceptar ser mi cliente. ¿Está bien compartir la grabación? ¿Te sientes cómodo compartiendo la grabación?**

(32:53) Está bien, sí. Claro que sí.

Respuestas de casos éticos para reflexionar

¿Qué haría usted en los siguientes casos?

La respuesta apropiada, en cada caso, depende del contexto. Se necesitará mayor información para tomar la decisión apropiada, pero compartimos algunas posibles respuestas a cada una de las situaciones.

Caso 1
Un cliente lo llama para recibir Coaching y empieza a compartir la experiencia negativa que tuvo con un coach al que usted conoce. Usted confía en la habilidad de su colega e intuye que el cliente tiene expectativas poco realistas acerca de lo que quiere conseguir de la relación de Coaching. ¿Toma al cliente o lo deriva? ¿Qué otra alternativa se le ocurre? ¿Cómo manejaría la situación?

Respuesta. El coach necesita explorar las necesidades del cliente y evaluar si el Coaching es la mejor alternativa, dadas las expectativas del cliente. Si considera que son poco realistas, esto requiere clarificar cómo funciona el Coaching y cuál es la responsabilidad del cliente en el proceso. Es importante que el coach se cerciore de que el cliente identifica qué puede esperar de su proceso antes de acordar trabajar juntos. Reiteramos la importancia del contrato de Coaching para asegurar claridad y transparencia en el trabajo colaborativo.

Caso 2

Un cliente con el que usted viene trabajando desde hace varios meses le cuenta que en su trabajo le asignaron un nuevo coach, pero que quiere seguir trabajando con usted de todas maneras. ¿Es ético seguir la relación de Coaching sabiendo que en su trabajo va a recibir el servicio de manera gratuita? ¿Qué le preguntaría a su cliente en esta situación? ¿Qué variables debería tomar en cuenta?

Respuesta

Consideramos que no es apropiado que un cliente trabaje con más de un profesional sobre los mismos objetivos. Se da una excepción cuando tiene diferentes objetivos; por ejemplo, trabaja con su coach sobre sus habilidades de liderazgo y contrata a un coach por su cuenta para que lo ayude en el proceso de dejar su trabajo y conseguir uno nuevo. Otro caso ocurre a menudo en la certificación de Coaching que ofrecemos en el Goldvarg Consulting Group, donde todos los participantes reciben Coaching, y si ya trabajan con un coach cuando empiezan el programa, les sugerimos que no trabajen con los dos.

Caso 3

Un cliente que está muy contento con su trabajo le dice que le quiere presentar a su jefe, para que le brinde Coaching a él también. ¿Acepta la invitación? ¿Por qué si o por qué no? ¿Cuáles serían los posibles desafíos si aceptara empezar a trabajar con el jefe de su cliente?

Respuesta

Algunos coaches y organizaciones consideran que no hay ningún problema en que el coach trabaje con el jefe y sus colaboradores. La ventaja es el conocimiento de la cultura organizacional y de los desafíos sistémicos, pero la desventaja es la posible preocupación de que el coach comparta información confidencial sin querer. También existe la posibilidad de que el jefe o su reporte directo triangulen al coach para conseguir algo que quieren de la otra persona. El coach tiene que ser muy cuidadoso en estas situaciones y creemos que es mejor evitarlas cuando existe un posible conflicto de intereses.

Caso 4

Un cliente que está muy agradecido por sus servicios lo invita a su casa para que conozca a su familia, ya que la transformación que tuvo llevó mayor armonía al hogar. Usted trabajó con su cliente durante seis meses en forma virtual y es la primera vez que lo vería personalmente. ¿Aceptaría la invitación? ¿Por qué sí o por qué no?

Respuesta

En relaciones de Coaching, aceptar la invitación a participar de actividades sociales es diferente que en relaciones terapéuticas, porque ofrece mayor flexibilidad. De todos modos, es bueno clarificar los límites. Participar en actividades sociales puede hacer que la distancia profesional se pierda. La situación sería diferente si el cliente ya hubiera terminado su proceso de Coaching, pero la actividad social limitaría la relación, si en el futuro quisiera volver a contratar al coach. Sugerimos mantener una distancia profesional con los clientes, aunque puede haber excepciones en situaciones particulares.

Caso 5

Un colega le cuenta que otro coach tomó material de su página web y lo copió para hacer publicidad personal. ¿Qué le recomendaría?

Respuesta

Copiar material de la página web sin dar crédito no se considera ético. La persona víctima de plagio puede primero pedirle a la otra que quite de su web lo que fue copiado, y si el pedido no tiene resultado, acudir a la ICF y elevar una queja. Si el coach que tomó la información es miembro –o tiene una acreditación de la ICF–, puede ser sancionado con una suspensión de la membresía o de la acreditación.

Caso 6

Usted advierte que un colega se está presentando con las credenciales de la ICF sin haberlas obtenido todavía. ¿Qué hace?

Respuesta

Presentarse con credenciales que no se han obtenido se considera no ético. Se recomienda explicarle al colega que si se presenta con una credencial que todavía no consiguió, está engañando al público y cometiendo una falla ética. Si el colega decide no modificar sus comportamiento, se puede informar a la ICF para que den seguimiento al asunto.

Caso 7

Un cliente lo llama y le dice que está muy deprimido, y que no se siente con ánimo para tener la sesión ese día. ¿Qué hace? ¿Cobra la sesión de todas maneras?

Respuesta

El coach tiene que indagar qué quiere decir "estar deprimido" para su cliente, identificar qué es lo que le está pasando, y evaluar si necesita referirlo para ayuda psicológica o psiquiátrica. El cliente puede querer suspender la sesión por muchas razones. Puede ser que esté cansado, que necesite el tiempo para terminar un proyecto, que su jefe lo llame a último minuto para una reunión. Si cree que es una excusa por no haber completado las tareas acordadas y por sentirse culpable de llegar a su nueva sesión de Coaching sin haber implementado su plan de acción, el coach puede decidir cobrar la sesión. Muchos coaches tienen dificultades para implementar el contrato en relación con cobrar si el pedido de cambio es con menos de 24 horas de anticipación. Antes de decidir si va a cobrar o no, el coach necesita evaluar si se trata de una excepción o si el cliente reiteradamente cancela sus sesiones a último momento. Sugerimos que el coach siga su contrato y cobre, si la causa no es un problema de salud u otra válida para cambiar la hora, y el cambio obedece solamente a que su cliente no siente ganas de tener la sesión.

Caso 8

Un cliente no le paga las sesiones desde hace tres meses. ¿Usted estaría dispuesto a agendar nuevas sesiones o esperaría que le pagara?

Respuesta

El coach necesita acordar con su cliente cómo pagará las sesiones y qué pasará en caso de tener dificultades para hacerlo. Si el cliente no paga durante un mes, el coach necesita tener una conversación y decidir cómo procederán, y no esperar, por ejemplo, tres meses para conversar sobre el tema.

Caso 9

Un cliente potencial lo llama y le dice que quiere un coach, pero que no está seguro de trabajar con usted porque prefiere un coach de su mismo género ¿Qué hace?

Respuesta

Es importante escuchar las necesidades de los clientes actuales o potenciales, y proveer información de acuerdo con los recursos que tenga el coach. También puede indagar con el cliente qué es lo que está buscando, qué necesita, por qué quiere un coach de su mismo género, y si acaso trabajar con un coach de otro género no podría brindarle oportunidades de aprendizaje.

Caso 10

Un cliente le ofrece escribir una referencia positiva sobre su trabajo en su página de Linkedin. ¿Acepta la oferta? ¿Por qué sí o por qué no?

Respuesta

El coach puede aceptar la oferta de recibir una referencia positiva en Linkedin, pero tiene que tener en claro cuál es la intención del cliente. ¿Lo está recomendando porque está satisfecho con el proceso, lo recomienda para ganarse su estima, o hay algo más en la oferta a lo que el coach necesita prestarle atención? La recomendación puede servirle al coach con fines de marketing, pero consideramos que es mejor que el cliente la haga después de haber terminado el proceso, para que no tenga alguna consecuencia negativa en la relación de Coaching.

Caso 11

El jefe de su cliente lo llama y le pide que le dé un reporte del progreso del cliente. ¿Qué hace?

Respuesta

El coach le recuerda al jefe que tienen un acuerdo de confidencialidad y no puede compartir información sobre el progreso del cliente. El coach puede invitar al jefe y al cliente a reunirse los tres, para tener una sesión en la cual el cliente sea el que comparta información sobre su progreso y el coach facilite el espacio, sin compartir información confidencial. Otra posibilidad es que el coach y el cliente preparen un reporte en conjunto para entregarle al jefe.

Los coaches tienen que tener cuidado con los pedidos de los patrocinadores y dejar claramente estipulado en el contrato de trabajo cómo se va a manejar la información confidencial.

Caso 12
Usted recibe un llamado de un conocido que le ofrece referirle un cliente y le pide que no le informe a su posible cliente que usted le dará una comisión. ¿Qué hace?

Respuesta

De acuerdo con el Código de Ética de la ICF, se espera que el coach informe a sus clientes si recibe una comisión. Si acepta el pedido de no develar que lo hace, se estará comportando de una manera no ética.

Caso 13
El cliente decide terminar su Coaching en la mitad del proceso. ¿Qué hace?

Respuesta

De acuerdo con el Código de Ética, tanto el coach como el cliente tienen derecho a terminar la relación cuando lo consideren apropiado. Si el cliente pagó por anticipado su proceso, requerirá que el coach le devuelva los pagos correspondientes a servicios no ofrecidos.

Caso 14
El cliente no progresa y considera que está perdiendo tiempo y dinero trabajando con usted. ¿Qué hace?

Respuesta

El cliente puede terminar la relación cuando lo desee. Si cree que no hay progreso, se pueden explorar posibles cambios en la forma de trabajo o terminar la relación, si eso es lo que prefiere el cliente.

Caso 15
El cliente le ofrece que reciba un porcentaje de las ganancias de un negocio que hará como resultado del Coaching. ¿Por qué aceptaría la oferta o por qué no?

Respuesta

Si bien el Código de Ética no presenta el cobro de porcentajes como una actividad inapropiada, consideramos que puede haber un conflicto de intereses si el coach se ve beneficiado económicamente con el progreso del cliente.

Caso 16
El cliente le dice que empieza Coaching porque esta es la última oportunidad que recibe de su empleador y depende del proceso que conserve su trabajo, pero no cree que lo necesite y piensa que el que tiene que cambiar es su jefe. ¿Empieza el proceso de Coaching de todas maneras?

Respuesta

El coach necesita evaluar si el patrocinador está genuinamente comprometido en el desarrollo del colaborador o si está utilizando al coach para demostrar que hizo todo lo posible para conservar a la persona en la organización. Si el cliente no considera que necesite Coaching, creemos que no es apropiado empezar un proceso como actividad obligatoria.

MODELO DE COMPETENCIAS CLAVE ICF ACTUALIZADO

–Octubre, 2019–

La International Coaching Federation ha anunciado, tras un riguroso análisis de práctica de Coaching de 24 meses, un modelo de Competencia Central de Coaching ICF actualizado. Este modelo de competencia se basa en evidencia recopilada entre más de 1.300 coaches de alrededor del mundo, los cuales representan un diverso rango de disciplinas de Coaching, antecedentes de capacitación, estilos de Coaching, experiencia y niveles de acreditación, al igual que miembros y no miembros de la ICF.

Esta iniciativa de estudio a gran escala validó gran parte del Modelo de Competencia Clave ICF existente, desarrollado hace casi 25 años, y que sigue siendo importante para la práctica del Coaching hoy. Algunos elementos y temas nuevos que emergieron de los datos también han sido integrados en el modelo. Esto incluye un énfasis fundamental en la conducta ética y en la confidencialidad, en la importancia de una mentalidad de Coaching y un ejercicio continuo de reflexión, así como distinciones críticas entre diversos niveles de acuerdos de Coaching; la criticalidad de la colaboración entre coach y cliente, y la importancia de la sensibilidad cultural, sistémica y contextual. Estos componentes de base, combinados con los temas emergentes, reflejan los elementos clave de la práctica de Coaching actual y servirán como estándares más sólidos y completos en el futuro.

I. Cimientos

1. Demuestra Práctica Ética

Definición: El coach entiende y aplica constantemente la ética de Coaching y los estándares de Coaching.

a) Demuestra integridad personal y honestidad en interacciones con clientes, patrocinadores y las partes interesadas relevantes.
b) Mantiene sensatez ante la identidad, el ambiente, las experiencias, los valores y las creencias de los clientes.
c) Utiliza lenguaje adecuado y respetuoso con clientes, patrocinadores y las partes interesadas relevantes.
d) Acata el Código de Ética de la ICF y respalda los Valores Clave.
e) Mantiene la confidencialidad de la información de cada cliente, según los acuerdos con las partes interesadas y las leyes pertinentes.
f) Respalda las distinciones entre Coaching, consultoría, psicoterapia y otras profesiones de apoyo.
g) Remite clientes a otros profesionales de apoyo, según corresponda.

2. Encarna una Mentalidad de Coaching

Definición: El coach desarrolla y mantiene una mentalidad abierta, curiosa, flexible y centrada en cada cliente.

1. Reconoce que los clientes son responsables de sus propias elecciones.
2. Participa en el aprendizaje y en el desarrollo continuo como coach.
3. Elabora un ejercicio continuo de reflexión para mejorar su propio Coaching.
4. Permanece consciente de y abierto a la influencia del contexto y de la cultura, en sí y en otros.
5. Usa la conciencia de sí y la propia intuición en beneficio de clientes.
6. Desarrolla y mantiene la capacidad de regular las propias emociones.
7. Se prepara para las sesiones mental y emocionalmente.
8. Busca ayuda en fuentes externas cuando es necesario.

II. Co-crear la relación

3. Establece y Mantiene Acuerdos

Definición: El coach colabora con cada cliente y con las partes interesadas pertinentes para crear acuerdos claros sobre la relación, el proceso, los planes y las metas de Coaching. Establece acuerdos para el compromiso de Coaching general, así como aquellos para cada sesión de Coaching.

1. Explica qué es y qué no es el Coaching y describe el proceso al cliente y a las partes interesadas pertinentes.
2. Logra un acuerdo sobre qué es y qué no es adecuado en la rela-

ción, qué se está ofreciendo y qué no, y las responsabilidades de cada cliente y de las partes interesadas pertinentes.

3. Logra un acuerdo sobre las directrices y parámetros específicos de la relación de Coaching, tales como logística, honorarios, programación, duración, término, confidencialidad e inclusión de otros.
4. Colabora con cada cliente y con las partes interesadas pertinentes para establecer un plan y metas generales de Coaching.
5. Colabora con cada cliente para determinar la compatibilidad cliente-coach.
6. Colabora con cada cliente para identificar o confirmar lo que quieren lograr en la sesión.
7. Colabora con cada cliente para definir qué creen que necesitan abordar o resolver, para lograr lo que quieren conseguir en la sesión.
8. Colabora con cada cliente para definir o confirmar medidas del éxito para lo que desean conseguir con el compromiso de Coaching o en la sesión individual.
9. Colabora con cada cliente para manejar el tiempo y el enfoque de la sesión.
10. Continúa haciendo Coaching en la dirección de los resultados deseados por cada cliente, a menos que indiquen lo contrario.
11. Colabora con cada cliente para terminar la relación de Coaching de manera que se honren las experiencias.

4. Cultiva Confianza y Seguridad

Definición: El coach colabora con cada cliente para crear un ambiente que le dé apoyo y seguridad y que le permita compartir libremente. Mantiene una relación de respeto y confianza mutuos.

1. Busca entender a cada cliente dentro de su contexto, lo que puede incluir su identidad, su ambiente, sus experiencias, sus valores y sus creencias.
2. Demuestra respeto por la identidad de cada cliente, sus percepciones, estilo y lenguaje, y adapta su coaching a cada cliente.
3. Reconoce y respeta los talentos, los entendimientos y el trabajo únicos de cada cliente en el proceso de Coaching.
4. Demuestra apoyo, empatía y preocupación por cada cliente.
5. Reconoce y apoya la expresión de sentimientos, percepciones, preocupaciones, creencias y sugerencias de cada cliente.
6. Demuestra apertura y transparencia, como una manera de mostrar vulnerabilidad y forjar una relación de confianza con cada cliente.

5. Mantiene Presencia

Definición: El coach es plenamente consciente y está presente con cada cliente, empleando un estilo abierto, flexible, bien fundado y seguro.

1. Se mantiene enfocado, atento, empático y receptivo con cada cliente.
2. Demuestra curiosidad durante el proceso de Coaching.
3. Maneja las propias emociones para estar presente con cada cliente.
4. Demuestra confianza en trabajar con emociones fuertes de cada cliente durante el proceso de Coaching.
5. Se siente cómodo trabajando en un espacio de no saber.
6. Crea silencio o deja espacio para él, para la pausa o la reflexión.

III. Comunicar con efectividad

6. Escucha Activamente

Definición: El coach se enfoca en lo que cada cliente dice o no dice para, comprender plenamente lo que se está comunicando, en el contexto de los sistemas de cada cliente y para apoyar su autoexpresión.

1. Considera el contexto, la identidad, el ambiente, las experiencias, los valores y las creencias de cada cliente, para potenciar el entendimiento de lo que cada cliente está comunicando.
2. Refleja o resume lo que cada cliente comunicó, para garantizar claridad y comprensión.
3. Reconoce y pregunta cuando hay más de lo que cada cliente está comunicando.
4. Nota, reconoce y explora las emociones de cada cliente, los cambios de energía, las señales no verbales u otros comportamientos.
5. Integra las palabras, el tono de voz y el lenguaje corporal de cada cliente para determinar el significado completo de lo que está siendo comunicado.
6. Nota tendencias en comportamientos y emociones de cada cliente a lo largo de las sesiones, para discernir temas y patrones.

7. Evoca Conciencia

Definición: El coach facilita el entendimiento y el aprendizaje de cada cliente mediante el uso de herramientas y técnicas, como preguntas poderosas, silencio, metáforas o analogías.

1. Considera la experiencia de cada cliente para decidir qué podría ser más útil.
2. Desafía al cliente como una forma de provocar conciencia o entendimientos.
3. Hace preguntas sobre cada cliente, como sobre su manera de pensar, sus valores, necesidades, deseos y creencias.
4. Hace preguntas que ayudan a cada cliente a explorar más allá del pensamiento actual.
5. Invita a cada cliente a compartir más acerca de su experiencia en el momento.
6. Nota lo que está funcionando para potenciar el progreso de cada cliente.
7. Ajusta el planteamiento de Coaching en respuesta a las necesidades de cada cliente.
8. Ayuda a cada cliente a identificar factores que influyen en patrones actuales y posiblemente futuros de comportamiento, pensamiento o emoción.
9. Invita cada cliente a generar ideas sobre cómo pueden avanzar y sobre lo que están dispuestos a hacer o de lo que son capaces.
10. Apoya a cada cliente a reencuadrar perspectivas.
11. Comparte observaciones, entendimientos y sentimientos, sin apegos, que tienen el potencial de crear un nuevo aprendizaje para cada cliente.

IV. Cultivar aprendizaje y crecimiento

8. Facilita el Crecimiento de cada Cliente

Definición: El coach colabora con cada cliente para transformar aprendizaje y entendimiento en acción. Promueve la autonomía de cada cliente en el proceso de Coaching.

1. Trabaja con cada cliente para integrar nueva conciencia, entendimiento o aprendizaje en su visión del mundo y en sus comportamientos.
2. Colabora con cada cliente para diseñar metas, acciones y medidas de responsabilidad que integren y expandan nuevos aprendizajes.
3. Reconoce y apoya la autonomía de cada cliente en el diseño de metas, acciones y métodos de responsabilidad.
4. Apoya a cada cliente en la identificación de resultados o aprendizaje potenciales a partir de los pasos de acción identificados.

5. Invita a cada cliente a considerar cómo avanzar, incluidos recursos, apoyo y potenciales barreras.
6. Colabora con cada cliente para resumir aprendizaje y entendimiento dentro de las sesiones o entre ellas.
7. Celebra el progreso y los éxitos de cada cliente.
8. Colabora con cada cliente para cerrar la sesión.

INDICADORES DE COACHING A NIVEL PCC DE LA ICF

–Revisado en septiembre de 2020–

Los indicadores de evaluación son la guía sobre la que un evaluador es formado para que, a través de la escucha, sepa determinar qué Competencias Clave de ICF –y en qué medida– quedan demostradas en una conversación de Coaching grabada. Los siguientes indicadores son los comportamientos que deben ser demostrados en una conversación de Coaching en el nivel de Coach Profesional Certificado (PCC). Estos indicadores dan soporte a un proceso de evaluación del desempeño justo, consistente, válido, confiable, repetible y defendible.

Los indicadores de PCC también pueden apoyar a cada coach, cada formador y cada mentor de coaches en la identificación de áreas para el crecimiento y el desarrollo de habilidades en el Coaching a nivel de PCC. Sin embargo, siempre deben usarse en el contexto del desarrollo de competencias clave. Es importante tener en cuenta que estos indicadores no son una herramienta para la formación como PCC, y no deben ser utilizados como una lista de control o una fórmula para la evaluación del desempeño como coach.

Competencia 1

Demuestra Práctica Ética

Para todos los niveles de Coaching, se requiere familiaridad con el Código de Ética de la ICF y su aplicación. Los postulantes que aprueben el nivel PCC demostrarán un Coaching que se alinee con el Código de Ética de la ICF y se mantendrán consistentemente en el rol de coach.

Competencia 2

Encarna una Mentalidad de Coaching

Encarnar una mentalidad de Coaching –una mentalidad abierta, curiosa, flexible y centrada en cada cliente– es un proceso que requiere aprendizaje y desarrollo continuos, una práctica reflexiva y preparación para las sesiones. Estos elementos tienen lugar en el transcurso del desarrollo profesional de un coach y no pueden ser captados por completo en un solo momento. Sin embargo, ciertos elementos de esta competencia pueden demostrarse en una conversación de coaching. Estos comportamientos particulares se articulan y evalúan a través de los siguientes indicadores PCC: 4.1; 4.3; 4.4; 5.1; 5.2; 5.3; 6.1; 6.5; 7.1 y 7.5.
Al igual que en otras áreas de las Competencias, será necesario demostrar un número mínimo de estos indicadores para aprobar la evaluación de desempeño acorde al nivel PCC. Todos los elementos de esta Competencia también serán evaluados en el examen escrito para CKA –Credenciales de ICF.

Competencia 3

Establece y Mantiene Acuerdos

1. El coach colabora con cada cliente para identificar o confirmar lo que cada cliente quiere lograr en esta sesión.
2. El coach colabora con cada cliente para definir o confirmar las medidas del éxito que cada cliente quiere lograr en la sesión.
3. El coach indaga o explora lo que quieren lograr en esta sesión y lo que es importante o significativo para cada cliente.
4. El coach colabora con cada cliente para definir lo que creen necesario abordar para lograr lo que quiere conseguir en esta sesión.

Competencia 4

Cultiva Confianza y Seguridad

1. El coach reconoce y respeta los talentos, los descubrimientos y el trabajo únicos de cada cliente en el proceso de Coaching.
2. El coach muestra apoyo, empatía o preocupación por cada cliente.
3. El coach reconoce y apoya la expresión de sentimientos, percepciones, preocupaciones, creencias o sugerencias de cada cliente.
4. El coach colabora con cada cliente invitándolo a responder de cualquier manera a sus contribuciones y acepta su respuesta.

Competencia 5

Mantiene Presencia

1. El coach actúa en respuesta a toda la persona de cada cliente (el *quién*).
2. El coach actúa en respuesta a lo que cada cliente quiere lograr en la sesión (el *qué*).
3. El coach colabora con cada cliente apoyándolo para elegir lo que ocurra en la sesión.
4. El coach demuestra curiosidad por aprender más sobre cada cliente.
5. El coach crea o deja espacio para el silencio, la pausa o la reflexión.

Competencia 6

Escucha Activamente

1. El coach personaliza preguntas y observaciones utilizando lo que aprendió sobre quién es cada cliente o sobre su situación.
2. El coach indaga o explora las palabras que usa cada cliente.
3. El coach indaga o explora las emociones de cada cliente.
4. El coach explora los cambios de energía de cada cliente, las señales no verbales u otros comportamientos.
5. El coach indaga o explora cómo cada cliente se percibe actualmente a sí mismo y cómo percibe su mundo.
6. El coach permite a cada cliente terminar de hablar sin interrumpir, a menos que haya un propósito de Coaching establecido para hacerlo.
7. El coach refleja o resume brevemente lo que cada cliente comunicó, para garantizar su claridad y comprensión.

Competencia 7

Evoca Conciencia

1. El coach hace preguntas sobre cada cliente, como su forma de pensar y de sentir, sus valores, necesidades, deseos, creencias o comportamientos.
2. El coach hace preguntas que ayudan a cada cliente a explorar más allá del pensamiento o sentimiento actual, hacia maneras de pensar o de sentir nuevas o ampliadas sobre sí mismo (el *quién*).
3. El coach hace preguntas que ayudan a cada cliente a explorar más allá del pensamiento o sentimiento actual hacia maneras de pensar o de sentir nuevas o ampliadas acerca de su situación (el *qué*).

4. El coach hace preguntas que ayudan a cada cliente a explorar más allá del pensamiento, sentimiento o comportamiento actuales hacia el resultado que desea.
5. El coach comparte, sin apego, observaciones, intuiciones, comentarios, pensamientos o sentimientos, e invita a cada cliente a explorar, en forma verbal o tonal.
6. El coach hace preguntas claras, directas, principalmente abiertas, una a la vez, a un ritmo que le permita a cada cliente pensar, sentir o reflexionar.
7. El coach utiliza un lenguaje generalmente claro y conciso.
8. El coach permite a cada cliente hablar durante la mayor parte de la sesión.

Competencia 8

Facilita el Crecimiento de cada Cliente

1. El coach invita a –o permite– que cada cliente explore el progreso hacia lo que quería lograr en la sesión.
2. El coach invita a cada cliente a expresar o explorar su aprendizaje sobre sí mismo/a (el *quién*) en la sesión.
3. El coach invita a cada cliente a expresar o explorar su aprendizaje en esta sesión sobre su situación (el qué).
4. El coach invita a cada cliente a considerar cómo utilizará el nuevo aprendizaje de la sesión.
5. El coach colabora con cada cliente para diseñar pensamientos, reflexiones o acciones posteriores a la sesión.
6. El coach colabora con cada cliente para considerar cómo avanzar, incluidos recursos, apoyo y potenciales barreras.
7. El coach colabora con cada cliente para diseñar los mejores métodos de responsabilidad para él/ella mismo/a.
8. El coach celebra el progreso y el aprendizaje de cada cliente.
9. El coach colabora con cada cliente acerca de cómo este desea completar esta sesión.

CÓDIGO DE ÉTICA DE ICF

1. INTRODUCCIÓN
2. DEFINICIONES CLAVE
3. VALORES FUNDAMENTALES Y PRINCIPIOS ÉTICOS DE ICF
4. ESTÁNDARES ÉTICOS
5. PROMESA

1. Introducción

El Código de Ética de ICF describe los valores fundamentales de la International Coaching Federation (Valores Fundamentales de ICF) y los principios y estándares éticos de comportamiento para todos los Profesionales de ICF (véanse Definiciones).

Cumplir con estos estándares éticos de comportamiento de ICF es la primera de las competencias básicas de Coaching de ICF (Competencias Básicas ICF). Esto significa la importancia de comprender la ética y los estándares del Coaching, y aplicarlos apropiadamente a todo el Coaching y a las situaciones relacionadas con él".

El Código de Ética de ICF sirve para mantener la integridad de ICF y de la profesión de Coaching global cuando:

- Establece estándares de conducta consistentes con los valores fundamentales y principios éticos de ICF.
- Guía la reflexión, la educación y la toma de decisiones éticas.

- Adjudica y preserva los estándares del coach de ICF a través del proceso de Revisión de Conducta Ética (ECR).
- Proporciona la base para la capacitación de ética de ICF en los programas acreditados por ICF.

El Código de Ética de ICF se aplica cuando los profesionales de ICF se representan a sí mismos como tales, en cualquier tipo de interacción relacionada con el Coaching. Esto independientemente de si se ha establecido una relación de Coaching (véanse Definiciones).

Este Código articula las obligaciones éticas de los profesionales de ICF que actúan en sus diferentes roles como coaches, supervisores de coaches, mentores, entrenadores o estudiantes de Coaching en entrenamiento, o que desempeñan un papel de liderazgo en ICF, incluyendo el personal de apoyo (véanse Definiciones).

Aunque el Proceso de Revisión de Conducta Ética (ECR) solo aplica para los profesionales ICF, según se establece en la Promesa, el Staff de ICF también está comprometido con la conducta y los Valores Fundamentales y Principios Éticos que apuntalan este Código de Ética.

El desafío de trabajar éticamente significa que los miembros de ICF inevitablemente se encontrarán con situaciones que requieren respuestas a problemas inesperados, resolución de dilemas y soluciones a conflictos. Este Código de Ética tiene la intención de ayudar a las personas sujetas a él, orientándolos en la variedad de factores éticos que pueden necesitar ser tomados en consideración y a identificar formas alternativas de abordar el comportamiento ético.

Los Profesionales de ICF que aceptan el Código de Ética se comprometen a ser éticos, incluso cuando hacerlo involucre tomar decisiones difíciles o actuar con valentía.

2. Definiciones Clave

- ✓ *Cliente.* La persona o equipo/grupo que está recibiendo el Coaching, el coach que está recibiendo mentoría o está siendo supervisado, o el coach o coach estudiante que está siendo capacitado.
- ✓ *Coaching.* Asociación con los clientes en un proceso creativo y estimulante que los inspire a maximizar su potencial personal y profesional.
- ✓ *Relación de Coaching.* Una relación establecida por el profesional de ICF y el/los cliente(s)/patrocinador(es) en virtud de un acuerdo o contrato que define las responsabilidades y expectativas de cada parte.

- ✓ *Código*. El Código de Ética de ICF.
- ✓ *Confidencialidad.* Protección de cualquier información obtenida en torno al compromiso de Coaching, a menos que se otorgue consentimiento o una liberación.
- ✓ *Conflicto de Interés.* Una situación en la que un profesional de ICF está involucrado en múltiples intereses y en la que servir a un interés podría ir en contra de otro o estar en conflicto con él. El conflicto puede ser financiero, personal o de otro tipo.
- ✓ *Igualdad.* Una situación en la que todas las personas experimentan inclusión, acceso a recursos y oportunidades, independientemente de su raza, origen étnico, nacionalidad, color de piel, género, orientación sexual, identidad de género, edad, religión, estado migratorio, discapacidad mental o física y otras áreas de diferencia humana.
- ✓ *Profesional ICF.* Persona que se representa a sí misma como Miembro de ICF o titular de credenciales de ICF, en roles que incluyen, entre otros, Coach, Supervisor de coach, Mentor, Entrenador de coach y Estudiante de Coaching.
- ✓ *Staff de ICF.* El personal de apoyo de ICF contratado por la compañía administradora, que proporciona una gestión profesional y servicios administrativos en nombre de ICF.
- ✓ *Coach Interno.* Una persona empleada dentro de una organización y que brinda Coaching a tiempo completo o parcial a sus empleados.
- ✓ *Patrocinador.* La entidad –incluidos sus representantes– que paga y/o hace arreglos o define los servicios de Coaching que serán proporcionados.
- ✓ *Personal de Apoyo.* Las personas que trabajan para los Profesionales ICF en apoyo de sus clientes.
- ✓ *Igualdad Sistémica.* Igualdad de género, igualdad de origen étnico y otras formas de igualdad que están institucionalizadas en la ética, los valores fundamentales, las políticas, estructuras y culturas de comunidades, organizaciones, naciones y sociedad.

3. Valores Fundamentales y Principios Éticos de ICF

El Código de Ética de ICF se basa en los Valores Fundamentales de ICF (véase enlace) y las acciones que se derivan de ellos. Todos los valores son igualmente importantes y se apoyan mutuamente. Estos valores son aspiracionales y deben usarse como una forma de comprender e interpretar los estándares. Se espera que todos los profesionales de ICF muestren estos valores y los propaguen en todas sus interacciones.

4. Estándares Éticos

Los siguientes estándares éticos se aplican a las actividades profesionales de los Profesionales de ICF:

Sección I
Responsabilidad con los clientes

Como Profesional de ICF

1. Explicaré la naturaleza y el valor potencial del Coaching, la naturaleza y los límites de la confidencialidad, los acuerdos financieros y cualquier otro término del acuerdo de Coaching, y me aseguraré de que, en la reunión inicial o antes, mis clientes y patrocinadores lo entiendan.
2. Crearé un acuerdo/contrato con respecto a los roles, responsabilidades y derechos de todas las partes involucradas con mi(s) cliente(s) y patrocinador(es) antes del inicio de los servicios.
3. Mantendré los niveles más estrictos de confidencialidad con todas las partes, según lo acordado. Conozco todas las leyes aplicables a datos personales y comunicaciones y acepto cumplir con ellas.
4. Comprenderé claramente cómo se intercambia la información entre todas las partes involucradas durante las interacciones de Coaching.
5. Tendré una comprensión clara, tanto para con los clientes como para los patrocinadores o las partes interesadas, sobre las condiciones bajo las cuales la información no se mantendrá confidencial (por ejemplo, actividad ilegal –si así lo exige la ley–, de conformidad con una orden judicial o citación válida; riesgo inminente o probable de peligro para el cliente o para los demás, etc.). Cuando creo razonablemente que una de las circunstancias anteriores es aplicable, es posible que deba informar a las autoridades correspondientes.
6. Cuando trabaje como coach interno, administraré los conflictos de interés o potenciales conflictos de interés con mis clientes y patrocinadores a través de acuerdos de Coaching y diálogo continuo. Esto debería incluir el abordaje de los roles, responsabilidades, relaciones, registros, confidencialidad y otros reportes requeridos por la organización.
7. Mantendré, almacenaré y eliminaré cualquier registro, incluidos archivos electrónicos y comunicaciones, creado durante mis interacciones profesionales, de una manera que promueva la confidencialidad, seguridad y privacidad, y cumpla con las leyes y

acuerdos aplicables. Además, intentaré hacer un uso adecuado de los desarrollos tecnológicos emergentes y crecientes que se utilizan en los servicios de Coaching (servicios de Coaching asistidos por tecnología), y ser consciente de cómo se les aplican diversas normas éticas.

8. Me mantendré alerta a los indicadores de un cambio en el valor recibido de la relación de Coaching. De ser así, haré un cambio en la relación o animaré a los clientes/patrocinadores a buscar a otro coach, a otro profesional o a usar un recurso diferente.
9. Respetaré el derecho de todas las partes a dar por terminada la relación de Coaching en cualquier momento del proceso de Coaching y por cualquier razón, según las disposiciones del acuerdo.
10. Seré sensible a las implicaciones que suponen tener varios contratos y relaciones con el mismo cliente y el patrocinador al mismo tiempo, para evitar situaciones de conflicto de interés.
11. Seré consciente de cualquier poder o diferencia de estatus entre el cliente y yo, que pueda ser causada por asuntos culturales, relacionales, psicológicos o contextuales, y las manejaré activamente.
12. Informaré a mis clientes el (posible) recibo de compensación y otros beneficios que pueda recibir por referir a mis clientes a terceros.
13. Garantizaré una calidad consistente del Coaching, sin importar la cantidad o forma de compensación acordada en cualquier relación.

Sección II
Responsabilidad en la práctica y en el desempeño

Como Profesional de ICF

14. Me adheriré al Código de Ética de ICF en todas mis interacciones. Cuando perciba una posible violación del Código por mí mismo o reconozca un comportamiento poco ético en otro profesional de ICF, plantearé el asunto respetuosamente con los involucrados. Si esto no resuelve el asunto, lo remitiré a una autoridad formal (por ejemplo, ICF Global) para su resolución.
15. Requeriré que todo el personal de apoyo se adhiera al Código de ética de ICF.
16. Me comprometeré con la excelencia a través del desarrollo continuo personal, profesional y ético.
17. Reconoceré mis limitaciones personales o circunstancias que puedan perjudicar mi desempeño como coach, entrar en conflicto o interferir mis relaciones profesionales de Coaching. Buscaré apo-

yo para determinar qué acción tomar y, si es necesario, buscaré rápidamente orientación profesional relevante. Esto puede incluir suspender o finalizar mis relaciones de Coaching.

18. Resolveré cualquier conflicto de interés posible o actual, trabajando en el problema con las partes relevantes, buscando asistencia profesional, o bien suspendiendo temporalmente –o incluso terminando– la relación profesional.
19. Mantendré la privacidad de los miembros de ICF y usaré su información de contacto (correos electrónicos, números de teléfono, etc.) solo de acuerdo con lo autorizado por ICF o el miembro de ICF en cuestión.

Sección III
Responsabilidad con el profesionalismo

Como Profesional de ICF

20. Identificaré con precisión mis calificaciones y mi nivel de competencia de Coaching, así como experiencia, capacitación, certificaciones y credenciales de ICF.
21. Haré declaraciones verbales y escritas que sean verdaderas y precisas sobre lo que ofrezco como profesional de ICF, sobre lo que ofrece ICF, sobre la profesión de Coaching y acerca de su valor potencial.
22. Comunicaré a aquellos que necesitan estar informados sobre las responsabilidades éticas establecidas por este Código y crearé conciencia.
23. Asumiré la responsabilidad de conocer y establecer límites claros, apropiados y culturalmente sensibles que rijan las interacciones, físicas o de otro tipo.
24. No participaré en ningún compromiso sexual o romántico con el cliente(s) o patrocinador(es). Siempre tendré en cuenta el nivel de intimidad apropiado para la relación. Tomaré las medidas apropiadas para abordar el problema o cancelar el compromiso.

Sección IV
Responsabilidad con la Sociedad

Como Profesional de ICF

25. Evitaré la discriminación manteniendo la equidad y la igualdad en todas las actividades y operaciones, respetando las normas locales

y las prácticas culturales. Esto incluye, entre otros, la discriminación por edad, raza, expresión de género, origen étnico, orientación sexual, religión, origen nacional, discapacidad o estado militar.

26. Reconoceré y honraré las contribuciones y la propiedad intelectual de otros, solo reclamando la propiedad de mi propio material. Entiendo que el incumplimiento de esta norma puede someterme a un recurso legal por parte de un tercero.
27. Seré honesto y trabajaré dentro de los estándares científicos reconocidos, las pautas temáticas aplicables y los límites de mi competencia, al realizar e informar investigaciones.
28. Seré consciente de mi influencia y la de mi cliente en la sociedad. Me adheriré a la filosofía de "hacer el bien" versus "evitar el mal".

5. La promesa de ética del profesional de ICF

Como profesional de ICF, de acuerdo con los Estándares del Código de Ética de ICF, reconozco y acepto cumplir con mis obligaciones éticas y legales con mis clientes, patrocinadores, colegas de Coaching y con el público en general. Si incumplo alguna parte del Código de Ética de ICF, acepto que ICF, según su exclusivo criterio, pueda hacerme responsable por esto. Además, acepto que mi responsabilidad ante ICF por cualquier incumplimiento puede incluir sanciones, tales como capacitación adicional obligatoria en Coaching, otra educación o pérdida de mi Membresía en ICF y/o mis Credenciales de ICF.*

* Adoptado por la Junta Directiva de ICF Global en septiembre de 2019.

Bibliografía

Adams, M.: *Change Your Questions, Change Your Life.* Berret-Koehler, San Francisco, 2009.

Blanchard, K.: *Empowerment.* Norma, Bogotá, 1996.

Covey, S.: *Los 7 hábitos de la gente altamente efectiva.* Paidós Ibérica, Barcelona, 1990.

Covey, S.M.R.: *The Speed of Trust.* Free Press, Nueva York, 2006.

Echeverría, R.: *Ontología del lenguaje.* Dolmen/Granica, Buenos Aires, 2001.

__________: *La empresa emergente.* Granica, Buenos Aires, 2000.

__________: *Actos de lenguaje,* Volumen I, *La escucha.* Granica, Buenos Aires, 2008.

Gebelein, S.; Nelson-Neuhaus, K.; Skurbe, C.; Lee, D.; Stevens, L.; Hellervick, L.; Davis, B.: *Successful Management Handbook,* PDI Ninth House, 8ª edición, 2010.

Goldvarg, D.; Perel de Goldvarg, N.: *Competencias de Coaching Aplicadas.* Granica, Buenos Aires, 2012.

__________: *Mentor Coaching en Acción.* Granica, Buenos Aires, 2018.

Goldvarg, D.: *Supervisión de Coaching.* Granica, Buenos Aires, 2017.

Heidegger, M.: *Ser y Tiempo.* Trotta, Spanish Edition, 1995.

Kofman, F.: *Metamanagement.* Granica, Buenos Aires, 2001.

Levy, N.: *La sabiduría de las emociones.* Plaza & Janés, Barcelona, 2000.

Maturana, H.: *La objetividad. Un argumento para obligar.* Dolmen/Granica, Chile, 1997.

Maturana Romesín, H.; Porsken, B.: *Los orígenes de la biología del conocer.* Granica, Chile, 2015.

McLaren, K.: *The art of empathy*. Sounds True, Boulder, 2013.

McLean, P.: *Self as Coach, Self as Leader*. Wiley, New Jersey, 2019.

Mehrabian, A.; Wiener, M.: *Decoding of Inconsistent Communications. Journal of Personality and Social Psychology*. 6 (1): 109-114. DOI: 10.1037/h0024532. PMID: 6032751.

Miller, J.: *The Question Behind the Question*. Putman, New York, 2001.

Muradep, L.: *Coaching para la transformación personal*. Granica, Buenos Aires, 2009.

Perel, N.; Kleidermacher, C.; Biderman, N.; Negroni, E.: *El Coaching. Un mundo de posibilidades*. Granica, Buenos Aires, 2018.

Pérez Piris, M.: *El arte de ser coach y algo más*. Trillas, México, 2010.

Rizzolatti, G; Sinigaglia, C: *Las neuronas espejo. Los mecanismos de la empatía emocional*. Paidós Ibérica, Barcelona, 2006.

Rosinski, P.: *Coaching y cultura*. Gran Aldea, Buenos Aires, 2009.

Samuel, M.; Chiche, S.: *The Power of Personal Accountability*. Xephor Press, 2004.

Silsbee, D.: *The Mindful Coach*. Ivy River Press, North Carolina, 2004.

__________: *Presence Based Coaching*. Jossey Bass, San Francisco, 2008.

Solomon, R.; Flores, F.: *Building trust in business, politics, relationships and life*. Oxford University Press, New York, 2001.

Stevens, J.: *El darse cuenta*. Cuatro Vientos, Chile, 1997.

Tolle, E.: *El poder del ahora*. Norma, Bogotá, 2009.

Whitworth, L.; Kimsey-House, K.; Kimsey-House, H.; Sandahl, P.: *Co-active Coaching*. Davies-Black Publishing, Palo Alto, 1998.

Wilson, J; Gislason, M.: *Coaching Skills for Nonprofit Managers and Leaders*. Josey Bass, San Francisco, 2010.

Wolk, L.: *Coaching: El arte de soplar brasas*. Gran Aldea, Buenos Aires, 2003.

__________: *Coaching: El arte de soplar brasas en acción*. Gran Aldea, Buenos Aires, 2008.

Acerca de los autores

Damián Goldvarg, Ph.D., MCC, ESIA

El doctor Damián Goldvarg es Master Coach Certificado (MCC), Supervisor Certificado (ESIA), fue presidente de la Federación Internacional de Coaching (ICF) en 2013-2014, y tiene treinta años de experiencia de trabajo en más de 50 países como coach de ejecutivos y entrenador en programas de liderazgo.

Recibió el Círculo de Distinción 2018 de la ICF, por su contribución global a la profesión del Coaching y el Premio de Supervisión 2019 de EMCC, por sus aportes al desarrollo de la Supervisión en todo el mundo. Escribió cinco libros sobre Coaching, entre ellos, *Pasos para el éxito, Mentor Coaching en Acción* y *Supervisión de Coaching*, y formó a cientos de coaches profesionales, Mentor Coaches y Supervisores en todo el mundo, en inglés y en español. Es un apasionado del Coaching e influyó para que en varios de sus familiares –su pareja, sus padres, sus hermanos, sus cuñadas y su sobrino, y seis de sus amigos más cercanos– recibieran entrenamiento profesional.

El doctor Goldvarg obtuvo su Licenciatura en Psicología de la Universidad de Buenos Aires (1987); una Maestría en Counseling de la Universidad de California, en Northridge (1994); y una segunda Maestría y Doctorado en Psicología Organizacional de la Universidad Alliant, en California (1997).

Desarrolló su tarea profesional en empresas multinacionales —Google, Microsoft, Shell, Hewlett Packard, Coca-Cola, McDonald's, Wall-Mart, Unilever, John Deere, Nestlé, SAP, Lafarge, Citigroup, Ericsson, Porche, Daimler, L'Oréal, Merck, Inter American Development Bank–, así como en organizaciones de base comunitaria y gubernamentales –United Nations High Commissioner for Refugees, Food and Agriculture Organization, World Food Programme, World Health Organization, UNICEF, United Nations Secretariat, Universidad de California, en Los Ángeles, y Universidad del Sur de California.

Nacido en la Argentina, el doctor Goldvarg tiene una amplia experiencia de trabajo con personas de diferentes culturas y orígenes sociales. Desde 1990, vive en Los Ángeles, California. Ofrece servicios en inglés, español y portugués.

Su website es www.goldvargconsulting.com; y su correo electrónico, info@goldvargconsulting.com.

Lic. Norma Perel, MCC, ESIA

Licenciada en Psicología por la Universidad de Buenos Aires (1968), Master Coach Certificada (MCC) por la International Coaching Federation (ICF), Mentor Coach Certificada y Supervisora Certificada (ESIA) por EMCC.

Es miembro fundadora de la ICF, Capítulo Argentina, donde fue Directora de Programas Presenciales de Educación Continua (2012-2015), y Embajadora de Educación Continua para ICF América Latina (2015-2016).

Es socia en The Goldvarg Consulting Group, con sede en Los Ángeles, California; colaboró en la coordinación de grupos de desarrollo personal, en el Programa de Certificación para Mentor Coaches –con más de 20 grupos de graduados– y en la certificación de Supervisores de Coaching, desde 2013.

Se desempeñó como coach organizacional en diferentes empresas e instituciones –Instituto Tecnológico Argentino, Fundación Tobías (organismo pedagógico integral) y Ortopedia Alemana.

Fue miembro de la Unidad de Contralor de Geriátricos Privados y Públicos, y trabajó como asesora organizacional para el personal jerárquico, y también como capacitadora del personal del Hospital Rawson, el Instituto Martín Rodríguez y el Instituto Viamonte.

Como miembro del grupo Personas para Personas (PPP) supervisa a coaches voluntarios que trabajan con personas en riesgo, incluyendo refugiados de distintos países.

Se desempeñó como coordinadora docente de Salud Mental de Grado y de Posgrado en la Facultad de Medicina de la Universidad de Buenos Aires. Fue miembro de la comisión directiva de varias instituciones vinculadas a la Salud Mental –la Asociación de Psicólogos de Buenos Aires, la Asociación de Psiquiatría Social Argentina, la Asociación Médica Argentina y la Asociación para la Prevención del VIH/SIDA.

Presentó trabajos en congresos de nivel nacional e internacional, y coordinó cursos, mesas redondas y workshops.

Organizó y coordinó ateneos auspiciados por la revista *Claves en Psicoanálisis y Medicina hacia la Interdisciplina*, de la que fue codirectora. Como psicóloga, escribió numerosos artículos y libros en colaboración; entre ellos, *La pareja humana* y *Anorexia y Bulimia y otros trastornos de la conducta alimentaria*. Como coach, es coautora de *Competencias de Coaching aplicadas, Mentor Coaching en Acción* y *El Coaching, un mundo de posibilidades*.

Su correo electrónico: norma@goldvargconsulting.com

www.ingramcontent.com/pod-product-compliance
Lightning Source LLC
LaVergne TN
LVHW010429230826
846092LV00009BA/1097

* 9 7 8 9 8 7 8 3 5 8 9 7 0 *